MANIPULACIÓN DE LA IRA

Una Guía Practica Para Dominar Las Emociones Y Manejar La Ira Tóxica Con Los Secretos De La Inteligencia Emocional.

Hábitos Diarios Y Ejercicios De Meditación Y Relajación.

DANIEL BISHOPS

Tabla de Contenido

Introducción

Cada día de nuestras vidas nos trae consigo aquello que puede despertar nuestra ira, lo queramos o no. Puede ser de cualquiera: nuestra familia, nuestros colegas o socios de negocios, nuestros seres queridos, la gente que nos encontramos en el camino, en el centro comercial, nuestros proveedores de servicios, y lo más importante, nosotros mismos, ¡sí! Podemos ser nuestras propias razones para estar enojados. Esto puede venir a través de nuestros procesos de pensamiento, la ropa incómoda que nos ponemos, la comida menos deliciosa que cocinamos y muchas otras cosas que hacemos sin saberlo para enfadarnos, a sabiendas o no. Por lo tanto, el acto de ponerse bajo control o domesticarse durante los momentos de enojo para no reaccionar de forma exagerada o insuficiente se considera como "manejo de la ira". El control de la ira no trata de evitar que sienta la ira o de animarle a contenerla, sino que le ayuda a controlarla de forma más eficaz y mejor. Si ha notado que su ira está fuera de control o que le afecta negativamente a usted, a su vida o a sus relaciones, considere la posibilidad de pedir ayuda a un profesional de la salud mental.

Muchas personas piensan erróneamente que el manejo de la ira es principalmente sólo aprender a suprimirla. Pero la cosa es que nunca enfadarse no es un objetivo suficiente. La ira encontrará su salida, sin importar cuánto intente reprimirla. La cosa es simplemente eso, ser capaz de expresar su ira sin perder el control. Cuando aprenda a hacerlo, no sólo se sentirá mejor, sino que también tendrá más posibilidades de satisfacer sus necesidades, será más capaz de manejar los conflictos en su vida y fortalecerás sus relaciones. Mantenerse atento al arte de manejar la ira toma mucho tiempo y trabajo, pero cuanto más practique, más fácil le resultará. Y la recompensa es enorme. Sólo aprenda a manejar su ira, y a su vez será recompensado con una mejor relación con la gente y le será más fácil lograr sus objetivos.

¿Por qué necesita controlar su ira?

Dado que la ira es un estallido de emoción fuerte y poderoso, también es importante señalar que la mayoría de las personas pueden volverse violentas y agresivas cuando están enojadas, mientras que otros pueden elegir estar tranquilos y controlar sus sentimientos. Precisamente por esta razón me gustaría, en la misma línea que antes, discutir las razones por las que es necesario mantener la calma y controlar la ira, en lugar de tener un arrebato malicioso que podría ser destructivo Es normal enfadarse, pero hay varias razones por las que uno debe hacerlo con moderación

Son las siguientes:

1. Si no controla su ira, puede destruir su relación o romper los lazos que tiene con la gente. Es probable que una persona enojada haga y deshaga cualquier cosa.

    Es propensa a hacer cosas irracionales a cualquiera que se le cruce en el camino. Las palabras que la mayoría de las veces salen de la boca de una persona enojada siempre son indiferentes, por lo tanto, causan un daño a la otra parte y como resultado, destruyen, y si no destruyen, influyen en el cordón de la relación.

    Fui testigo de un triste episodio. Lo presencié sólo porque su casa está cerca de la mía, por lo tanto, me doy cuenta inmediatamente cuando se pelean, pudiendo involuntariamente escuchar sus gritos nerviosos.

Este incidente fue el último entre la pareja, y todavía me siento triste por ello. En una fatídica noche, después de regresar de un programa de la Iglesia, oí un ruido que provenía de la casa de mis vecinos. Entonces, dije dentro de mí, "están en ello otra vez".

Sea cual sea la causa de la discusión, sólo sé que elegí las palabras del marido: "Sé que has sido una infiel todo este tiempo, sólo que no dije nada". Cuando quieras recibir tus llamadas, tomas el teléfono y sales corriendo de la habitación en la que estoy y tomas tu llamada. ¡Definitivamente eres una infiel!". La esposa entre lágrimas, como era obvio en su voz, respondió dolorosa y emocionalmente que, "¿por cuántas veces he salido corriendo a recoger las llamadas de mi madre y las de mis amigos cuando tú estás cerca? (llora), he estado viviendo contigo desde siempre, y te conozco como amante de la música, y siempre que salgo corriendo, tocas tu música, siempre a un volumen alto.

¿Cómo quieres que escuche lo que la persona con la que estoy en una llamada está diciendo, o lo que le estoy diciendo a la persona? Entonces tienes las agallas de llamarme infiel, cuando siempre te he sido fiel a ti y a nuestro matrimonio. Estoy tan decepcionada de ti." En ese momento, yo también me sentí con el corazón roto, sobre todo cuando oí el sonido de una bofetada, ¡ay! Fue el hombre quien abofeteó a la mujer, diciendo, "(bofetadas) ¿cómo te atreves a decir, 'que estás decepcionada de mí' porque te llamé infiel, no es eso lo que eres?" Ante esto, la mujer lloró fuerte e incontrolablemente. Salí corriendo en defensa de la mujer, pero, he aquí que él había tirado sus maletas y su equipaje al aire libre en su casa. Lo único que podía hacer era recoger a la mujer y consolarla. Después de unos minutos, la mujer me dio las gracias, hizo las maletas y se fue (a donde no sé en realidad). Pero, después de dos meses hasta ese momento, la vi en el centro comercial. No pudo agradecerme lo suficiente. Entonces le pregunté por qué no había vuelto desde entonces, y me respondió que ahora estaban divorciados. La ira cuando no se controla o se maneja bien puede destruir una relación.

Si esa noche hubieran controlado su ira, habrían tenido otra ronda de desacuerdos, lo habrían resuelto como antes, y continuado su relación. Pero, el esposo en su ira echó a la esposa, como resultado, no dando un espacio para "volver" aunque hubiera uno para lo que pasó ese día. La comprensión también importa en una relación, porque, una vez que ambos se entienden, no habrá una causa para pelear. El marido dijo que la esposa ha estado corriendo a contestar llamadas, él podría haberle preguntado todas las veces que se lo guardaba todo, "¿por qué vas a salir a recoger tus llamadas?" Esta última le habría dicho al marido que, "era por el sistema de sonido". De esa manera, podrían haber protegido su relación de que se derrumbara.

2. Una persona que se enfada casi todo el tiempo tiene más posibilidades de parecer mayor que su edad. Si usted es una persona así, su rostro se verá afectado por las líneas y arrugas y le hará parecer mayor de lo que se supone que debe ser. Las investigaciones demuestran que, reír, sonreír y ser feliz mucho y suficiente, relaja y flexibiliza la cara y, como resultado, hace que alguien parezca mucho más joven que su edad. Su piel tiende a ser más resistente, lo que le hace parecer más joven. Por lo tanto, si no aprende a controlar su ira, es propenso a parecer mayor de lo que debería.

3. Si usted es siempre el tipo enojado y no está trabajando para controlar o manejar su ira, puede causar mucho daño a su salud. La ira tiene muchos efectos significativos en la salud de muchas personas. Los efectos de la ira en la salud incluyen: migraña, dolor de cabeza, depresión, insomnio y problemas digestivos. Cuando una persona está enfadada, también existe un mayor riesgo de sufrir un derrame cerebral, presión arterial alta o un ataque al corazón en aquellos que ya son propensos a estas condiciones, es como alimentar el fuego de estas condiciones de salud.

4. La ira puede hacer que pierda la concentración. Si es del tipo que siempre está enojado en el trabajo, le será difícil asegurar una buena relación con sus compañeros de trabajo, y el colmo es que puede hacer que le despidan por no tener un buen temperamento. Además, siempre que esté trabajando en algo, si tiene la esperanza de lograrlo, entonces, aprenda a controlar su ira, porque si no lo hace, puede rendirse ante cualquier mínima posibilidad de enojarse.

5. Aprenda a manejar su ira como persona, porque, esto hace que la gente le etiquete como el tipo "siempre enojado", y cuando se trata de esto, la gente no querrá relacionarse con usted. ¿Quién quiere relacionarse con alguien que le gritará o le deshonrará en público? Nadie. Así que, si quiere que la gente pinte una buena imagen de usted siempre que se hable de usted, o cuando se trate de hablar de usted, entonces, aprenda a manejar su ira.

Si quiere evitar las negatividades de la ira, sería mejor que considerara las cinco (5) razones dadas aquí en "las razones que necesitamos para manejar nuestra ira". Si se consideran, se observará que, las razones o causas son muy comunes a todos, o más bien, pueden ser aplicables a casi todos, de ahí la necesidad de evitar la ira y buscar manejarla cuando llegue.

Beneficios del manejo de la ira

Ya sea en forma de terapia profesional o de tratamiento de autoayuda, el control de la ira puede ser muy beneficioso no sólo para usted sino también para las personas que lo rodean. Si está pensando en someterse a sesiones de control de la ira, considere los beneficios que este proceso puede proporcionarle:

- **Fomenta la empatía**

Una de las posibles razones por las que una persona puede estar luchando con la ira es su dificultad para ver el punto de vista de la otra persona. El control de la ira ayuda a desarrollar un sentido más fuerte de empatía en un individuo, para que pueda entender mejor las perspectivas de los demás. En el momento en que empieza a tener empatía por otras personas y a ver las cosas desde su propio punto de vista, ese es el momento en que el espacio para la ira se reduce gradualmente, cada vez más, lo que le permite tratar el tema de una manera más calmada y apropiada.

- **Construye relaciones más fuertes**

Es fácil para las personas con problemas de control de la ira arremeter contra las personas, incluso las que les importan, durante un arrebato. Una vez que el conflicto se resuelve, la persona enojada puede evitar la interacción con la otra parte, principalmente por la culpa y el miedo a lastimar a sus seres queridos de nuevo. Si tiene problemas de ira, el desarrollo de las habilidades correctas de manejo de la ira puede ayudarle a mejorar su vínculo con su familia y amigos, ya que le ayuda a controlarse cuando está a punto de explotar en la ira, así como a expresarse de una manera más saludable.

- **Mejora la autoconsciencia**

El control de la ira, especialmente cuando se hace con un terapeuta, puede ayudarle a descubrir la raíz de su ira, para que pueda evitarla o controlarla en el futuro. Es posible que la gente no se dé cuenta, pero gran parte de la forma en que los seres humanos expresan sus emociones a diario suele ser producto de acontecimientos que han experimentado en el pasado, en particular durante la infancia. En la terapia de control de la ira, se exploran estas conexiones, dándole nuevas percepciones de sí mismo y ayudándole a ser más consciente de sus sentimientos, para que sepa por qué se enfada de la manera en que lo hace. Como resultado, promueve una comprensión más profunda de su propio ser.

- **Mejores decisiones**

Ser capaz de manejar sus emociones le permite evitar tomar decisiones precipitadas o impulsivas. Cuando alguien te dice algo equivocado, es muy fácil sentirse herido, amenazado o incluso humillado. Tu tendencia natural sería retroceder emocionalmente. Puede decir algo que ponga a la otra persona "en su lugar". Incluso podría molestarle tanto que le resultaría casi irresistible cerrar el puño y golpear a la otra persona.

- **Mejor manejo de la crisis**

Si elige tratar sus problemas de ira apropiadamente, podrá salir de la tendencia a empeorar las crisis. En cambio, al centrarse en la toma de decisiones racionales, objetivas y maduras, podría ser capaz de controlar muchas crisis en su vida. En lugar de estar constantemente enloqueciendo y corriendo como un pollo sin cabeza, sería capaz de enfrentar las situaciones de una manera calmada, tranquila y madura.

- **Mejor perspectiva**

En cualquier tipo de situación que implique un conflicto, es fácil dejar que nuestras emociones se lleven lo mejor de nosotros porque tenemos una percepción exagerada y desmesurada de lo que acaba de suceder. Ahora, todo el mundo tiene derecho a sus sentimientos, pero tiene que entender que existe la realidad.

La realidad está hecha de hechos, y si constantemente asume demasiado, exagera, o incluso saca las cosas de proporción, no se sorprenda si su percepción de la realidad se tuerce. Como resultado, termina reaccionando de la peor manera posible a situaciones que de otra manera hubieran sido manejables.

- **Aumento de la confianza en sí mismo**

Lo crea o no, si es capaz de controlar las emociones, su sentido de la confianza en hacer las cosas correctas en el momento adecuado para producir los resultados correctos, aumenta bastante. Nada es más perjudicial para la confianza en uno mismo que la sensación de que, independientemente de lo que haga, la gente está en su contra.

Esta es una mentalidad muy autodestructiva, pero desafortunadamente, se lo hace a usted mismo. Cuando se vuelves loco o dice lo peor a la gente porque se siente amenazado y está enojado, termina en una espiral descendente.

- **Aumento de la autoestima**

La autoestima es realmente su opinión sobre su sentido de valor. Es su opinión de si es lo suficientemente agradable o si es digno de respeto, amor, afecto y admiración. Si es una persona muy emotiva y se enfada mucho, es muy fácil interiorizar el conflicto y los mecanismos de defensa que provoca de otras personas.

- **Obtiene mayor paz personal, calma y serenidad**

Con un mayor control emocional, entendería que hay ciertas cosas en la vida que realmente no puede controlar. Las acepta y sigue adelante. Así es, la supera. Y al centrarse en las cosas que puede controlar, este espacio interior de paz, calma y serenidad continúa creciendo.

- **Menos daño interno**

Como probablemente ya se imaginan, describí anteriormente que reaccionar de la peor manera posible a los estímulos externos conduce a un profundo daño en su salud emocional, psicológica y física. Todo esto fluye junto.

Y cuando esté tan conflictivo, tanto interna como socialmente, no se sorprenda si su sistema inmunológico sufre. No se sorprenda si no puede dormir bien. No se sorprenda tanto cuando se vuelva psicológicamente inestable. Todo ese estrés y presión pueden llegar a un punto crítico

- **Fomenta un mejor juicio**

La ira incontrolada a menudo nubla la mente y suele llevar a una persona a tomar decisiones pobres e impulsivas. Con el control de la ira, un individuo puede aprender a desarrollar las habilidades necesarias para manejar sus emociones y ayudarle a pensar con claridad. Cuanto más control tenga una persona sobre sus sentimientos, mejor será su capacidad de juicio.

- **Ayuda a desarrollar las habilidades de comunicación**

Las personas enojadas generalmente no son muy buenas en cuanto a la comunicación. Estas personas generalmente carecen del conocimiento para comunicarse de manera asertiva, tranquila y clara.

- **Reduce el estrés**

Uno de los beneficios inmediatos de aprender a manejar la ira es la capacidad de manejar el estrés. Y funciona en ambos sentidos porque cuanto mejor maneje el estrés, mejor podrá manejar su ira.

Capítulo 1. El papel de las emociones en tu vida

Una de las características más bellas e importantes del ser humano es la capacidad de experimentar emociones. Las emociones colorean nuestra vida diaria y toda nuestra existencia. Son el fondo de cada situación y cada evento que nos afecta, para bien o para mal.

¿Sería posible vivir sin sentir emociones? ¿Qué sería de los seres humanos sin esta característica particular?

Como se ha dicho, caracterizan toda la existencia de cada persona, pero ¿qué son exactamente?

La comunidad científica los define como un "estado fisiológico y psicológico" que se activa como reacción a un estímulo externo. En pocas palabras, hablamos de emociones como reacciones físicas y mentales en respuesta a los acontecimientos que tienen lugar a nuestro alrededor. ¿Pero por qué hablamos de un "estado fisiológico"? ¿No es la emoción un simple estado mental que define cómo nos sentimos en ese momento?

La expresión de una emoción específica dentro de una situación también activa las respuestas de nuestro cuerpo. Por eso, si estamos enfadados, la temperatura corporal aumenta, si tenemos miedo, el ritmo cardíaco aumenta, y así sucesivamente.

Así, la emoción sería un estado mental en reacción a un evento externo que nos involucra, pero también una manifestación física y corporal.

En nuestras actividades cotidianas, nuestras acciones son aconsejadas en su mayoría por diferentes sentimientos que van desde la alegría extrema a la tristeza extrema. La emoción humana se deriva de los sentimientos acumulados que dan lugar a un estado emocional del individuo. La emoción implica una excitación fisiológica, y una evaluación psicológica normalmente seguida de procesos cognitivos que ahora informan el comportamiento y la acción. El estado emocional es subjetivo a las experiencias, los antecedentes, la cultura y el comportamiento expresivo que se desarrolla durante la vida y en su mayor parte está relacionado con las interacciones de la infancia entre un individuo y su entorno.

Los seres humanos difieren en las reacciones emocionales, incluso en circunstancias similares. Hay una psicología que le da al ser humano la capacidad de producir y reconocer expresiones faciales emocionales sin escuchar una palabra del otro individuo. A lo largo de los años, la investigación sobre las emociones ha aumentado significativamente y varios campos contribuyen y explican las emociones humanas. Bajo estos campos, se han creado diferentes teorías que incluyen; a la Psicología, a la neurociencia, a la endocrinología, a la medicina, a la historia, a la sociología de las emociones e informática. Incluso con los múltiples campos que provienen de diferentes escuelas de pensamiento, las emociones definen nuestra existencia.

Diez emociones básicas

Las emociones básicas surgieron en respuesta a los desafíos ambientales, cada sentimiento corresponde a un circuito neurológico distinto y dedicado. Sólo por el hecho de estar conectadas, las emociones básicas son innatas y universales, automáticas y rápidas, y a menudo se activan para proporcionar un valor de supervivencia. El sentimiento subyacente no es igual a una emoción compleja que varía mucho de un individuo a otro; este tipo de opinión no puede atribuirse a los infantes y los animales. Se debe a que es una compilación de emociones básicas y sobre todo una mezcla de las mismas. Las emociones primarias son generalmente comparadas con los programas, y pueden estar abiertas al condicionamiento cultural. Aquí están algunas de las emociones básicas que se aplican en nuestras vidas.

o **Tristeza:** Esta emoción primaria se clasifica como una emoción negativa. A menudo se ve como lo opuesto a la felicidad, aunque no necesariamente se aplica en todas las situaciones o circunstancias. Siendo que se trata de una sola emoción, la tristeza puede ser una pérdida o un fracaso invocado o una respuesta psicológica, dependiendo del sujeto. La tristeza se caracteriza, por lo tanto, por múltiples sentimientos, como la impotencia, la desesperación, la pérdida, el dolor y la decepción.

o **La excitación:** Estar excitado se ha denominado "emoción pura". Esto se debe a que es un sentimiento o una situación normalmente llena de actividad, alegría, regocijo o incluso perturbación. La emoción se denomina pura ya que no tiene un objetivo definido. Con la excitación, no hay una reacción definida tampoco. Lo que es seguro, sin embargo, es que el sentimiento causa actividad ya que una persona siente que algo debe ser hecho.

o **Ira:** Normalmente es un estado emocional intenso que se asocia mayormente con la respuesta a una acción o incluso a un pensamiento. Alguien que experimente ira también tendrá efectos físicos en el individuo, tales como aumento de la frecuencia cardíaca o de la presión arterial. Es un sentimiento predominantemente conductual, cognitivo y fisiológico.

o **Miedo:** Es una emoción a menudo causada por la amenaza de peligro, dolor o daño. Con el miedo, el peligro no es inminente y no se dirige a un objeto o situación que presente un peligro real. La reacción que es el miedo es involuntaria, incluso cuando parece poco razonable. En la mayoría de los casos, un individuo o animal experimentará miedo a lo conocido o a lo desconocido ya sea a través de la imaginación o de la experiencia.

o **Alegría:** El sentimiento de placer extremo, felicidad, bienestar o satisfacción se describe a menudo como alegría. La emoción de la alegría no está necesariamente aconsejada por algo positivo que ocurre; más bien, podría ser la exultación del espíritu que surge y simplemente una actitud del corazón o del espíritu. Es un sentimiento generalizado que viene de las profundidades.

o **Sorpresa:** La sorpresa puede ser tanto una emoción negativa como positiva. Implica un sentido que suele ser infligido por otra persona distinta a usted, y la sorpresa, el asombro o la sensación de maravilla suele ser la respuesta que más probablemente se emita. Por lo general, es una emoción inesperada y puede ser repentina, dependiendo de las circunstancias. La sorpresa tiene el poder de desbloquear otras emociones como la ira, la alegría o incluso el miedo.

o **Desprecio:** El desprecio es una emoción que suele adquirirse cuando se desprecia a los demás, y en la mayoría de los casos implica el juicio de personas secundarias y podría basarse fácilmente en la cultura, las normas, la moral, la clase, e incluso en algunos casos, la religión de otra persona podría desencadenar la emoción del desprecio. La otra persona suele ser percibida como menos en una forma que la persona que siente desprecio considera importante. A la larga, la persona que siente desprecio crea una distancia relacional entre ella y la o las partes involucradas. De esta manera, la emoción trae consigo placer y superioridad a la persona que la siente.

- Culpa: Sentirse arrepentido, responsable de una ofensa, ya sea en la existencia o en la no existencia. Durante este tiempo, una persona cree que ha comprometido sus propias normas o ha violado las normas morales que se había fijado anteriormente. Es una experiencia cognitiva que está estrechamente relacionada con el sentimiento de pesar o remordimiento. La culpa puede ser un sentimiento de no hacer algo o de hacer algo que se supone que un individuo no debe hacer. La emoción de la culpa también puede ser anticipada y evitada en algunos casos.

- Vergüenza: La emoción de la vergüenza a menudo se denomina como un sentimiento moral o social que es discreto y podría obligar a un individuo a ocultar o negar la acción o el hecho que causa la emoción. Impulsada por la conciencia, es una emoción que genera un estado afectivo en el que se experimenta un conflicto por haber hecho algo que se cree o se hace creer que no se debe hacer y viceversa. Los efectos negativos de la emoción pueden ser motivaciones de retraimiento, sentimientos de angustia, impotencia, inutilidad y desconfianza.

- Disgusto: Esta emoción está bajo los sentimientos negativos y una sensación que se refiere a algo repugnante y que podría ser desagradable. La emoción está asociada con la aversión o la desaprobación y a menudo va seguida de un sentimiento repulsivo de aversión o náusea. El entorno o la experiencia puede causar disgusto y puede ir seguida de expresiones físicas, nariz arrugada, ojos entrecerrados, cejas caídas, entre otros reflejos musculares, dependiendo de la situación en cuestión.

Teorías de las emociones

Las emociones son complejas y subjetivas y a menudo van seguidas de cambios biológicos y de comportamiento. La forma en que pensamos, sentimos o respondemos a una situación no es predecible, y por eso las personas e instituciones han invertido en tratar de explicar y comprender la emoción. Estas teorías existen como guías que dan ideas sobre cómo manejar ciertas situaciones y circunstancias. He aquí algunas de estas teorías;

Teoría de James-Lange

Esta teoría se remonta a 1884 y 1885, y los psicólogos estadounidenses y daneses William James y Carl Lange elaboraron teorías sobre la conexión entre la emoción y la fisiología. La investigación de James prestó atención a la emoción como consecuencia del cambio fisiológico, ya que Lange enfatizó que la emoción es una demostración del cambio fisiológico. Juntos, combinaron sus teorías y combinaron sus nombres para dar lugar a la teoría de James-Lange que trata de demostrar que las emociones son separables de las reacciones fisiológicas a los acontecimientos. Inicialmente, los dos trabajaron sus propias teorías antes de combinarlas.

"La emoción es equivalente al rango de excitación fisiológica aportada por los eventos externos". Explica la teoría. "Para que alguien sienta emoción, primero debe experimentar respuestas del cuerpo, como el aumento de la frecuencia cardíaca, el aumento de la presión arterial y la respiración". Continúa la teoría. Basándose en esta excitación fisiológica, entonces la persona puede decir que siente una emoción. Esto va más allá de la creencia humana de que las emociones desencadenan reacciones fisiológicas; Para reforzar su argumento, James y Lange dicen que la actividad automática y las acciones inspiradas por los estímulos emocionales generan sentimientos de emoción y no viceversa. Esto significa que si escuchas un golpe en tu puerta en medio de la noche y tu ritmo cardíaco se eleva, guiarás tu sistema corporal para que asuma que tienes miedo. De esta manera, tu reacción fisiológica se antepone a tu emoción. Sin embargo, la teoría es incapaz de dar cuenta de varios desafíos y por lo tanto críticos como Walter Cannon uno de los varios críticos que cuestionó por qué las reacciones fisiológicas se limitaban a emociones específicas.

Sin embargo, la teoría también fue apoyada, en 1953, después de que AX notara diferentes cambios psicológicos que están relacionados con diferentes emociones. Básicamente quiso decir que el miedo parece estar asociado con los efectos fisiológicos de la adrenalina, mientras que la ira parece estar asociada con los efectos de la noradrenalina. Utilizando herramientas modernas, los investigadores pudieron demostrar que algunas emociones implican diferentes patrones de excitación del sistema nervioso autónomo y otras reacciones corporales.

Teoría de la evaluación emocional

Una situación de valoración individual provoca una respuesta emocional o afectiva basada en esta valoración específica.

Las teorías de evaluación emocional han surgido de múltiples fuentes, y todas ellas han tomado diferentes cursos. Lo que esto significa es que no hay una teoría de valoración singular que haya surgido definitivamente dentro de la emoción. En cualquier caso, todas compiten para explicar la valoración emocional y su papel en la emoción humana.

Las teorías de evaluación tienen una atribución cognitiva no consciente, así como un aporte motivacional e información fisiológica. Cada una de ellas insiste en un estado emocional en respuesta a un estímulo. Sin embargo, la combinación de las dos depende de la teoría de evaluación que se esté considerando. Una de las teorías de Richard Lazarus define dos aspectos: la evaluación del significado del evento y la del individuo y su capacidad de respuesta. Un ejemplo de cómo esta teoría depende completamente del individuo es que su percepción de las cosas y especialmente la valoración emocional a menudo lleva al resultado final, la emoción.

La teoría se basa en dos enfoques básicos: el enfoque estructural y el modelo de proceso. Ambos proporcionan una explicación para la valoración de las emociones y explican de diferentes maneras cómo pueden desarrollarse las emociones. Así pues, la secuencia de acontecimientos es la siguiente: acontecimiento, pensamiento y acontecimientos simultáneos de excitación y emoción.

¿Necesitamos emociones?

Las emociones son responsables de algunos de los mejores y peores momentos de nuestras vidas. Las emociones son la razón por la que el amor se siente tan increíble, pero también son la razón por la que las rupturas se sienten tan terribles. Son la razón por la que conseguir un ascenso en el trabajo te hace sentir jubiloso, y al mismo tiempo, son responsables de la miseria e infelicidad que sientes si pierdes tu trabajo. Cuando no pensamos con claridad, ese es el momento en que renunciamos al asiento del conductor y cedemos el control a nuestras emociones. Al hacerlo, abrimos la puerta a algunos de nuestros peores comportamientos y al mal juicio, permitiéndoles tomar el control.

Ha habido momentos en los que deseábamos haber aprendido a controlar mejor nuestras emociones. También ha habido momentos en los que le hemos dicho a alguien que controle sus emociones. Las personas que son demasiado emocionales tienen mala reputación, mientras que las que pueden permanecer frías y calmadas bajo presión son aplaudidas. Esto plantea algunas preguntas sobre la importancia de las emociones. ¿Nuestras emociones se reprimen? Si es así, ¿por qué las necesitamos? ¿Estaríamos mejor sin nuestras emociones? ¿Seríamos menos impulsivos? ¿Tomaríamos mejores decisiones, tal vez?

Por muy desagradables que puedan ser a veces, todavía las necesitamos. Necesitamos nuestras emociones. En su libro, El error de Descartes, el autor y neurocientífico Antonio Damásio habla de un paciente que tuvo. El nombre de su paciente era Elliot. Un día, a Elliot le extirparon un tumor cerebral, junto con la parte dañada del lóbulo frontal del cerebro de Elliot que estaba afectada por el tumor. Después de la cirugía, Elliot experimentó un cambio en su capacidad de tomar decisiones. Su capacidad para planificar el futuro y tomar decisiones parecía haberse debilitado. Se realizaron varias pruebas que revelaron que Elliot era mentalmente superior o promedio en muchos aspectos. Damásio escribió en sus palabras: "Elliot parece ser un hombre con un intelecto normal que era incapaz de decidir correctamente, especialmente cuando las decisiones implicaban asuntos personales o sociales".

En cuanto a la memoria, la atención, el lenguaje y el aprendizaje, Elliot parecía estar perfectamente bien. Lo único que le parecía extraño a Damásio era que nunca notó que una sola emoción saliera de Elliot a pesar de todo el tiempo que pasaba con él. Se preguntaba si esto podría ser una de las razones de su limitada capacidad de decisión. Elliot estaba de acuerdo en que no era tan emocional como solía serlo. Las cosas que una vez le molestaron y que probablemente habrían desencadenado una reacción emocional, ya no lo hacen. Elliot podía razonar perfectamente; el único problema que tenía era su incapacidad para tomar decisiones.

Esa fue una forma brillante en la que Damásio lo describió. Un paisaje desesperadamente plano. Esa frase por sí sola nos dice que necesitamos emociones en nuestras vidas, a pesar de la montaña rusa en la que nos llevan. Sin emociones, sería difícil actuar. Como Elliot, no seríamos capaces de llegar a una decisión concluyente, y podríamos pasar horas y horas razonando en vano. Las emociones son el factor decisivo que hace que algunas decisiones sean más favorables o importantes que otras. Sin ellas, perderíamos el tiempo dando vueltas en círculos sobre el mismo punto, y al final no hacemos nada.

Las necesitamos porque:

- Las emociones nos ayudan a decidir qué acción va a ser la más útil y significativa en ese momento. Sin ellas, podrías estar sopesando los pros y los contras durante semanas, quizás meses, incluso un año sin llegar a una decisión concluyente. La ira nos dice que actuemos agresivamente. La tristeza nos dice que busquemos consuelo.

- Las emociones hacen que el pensamiento se dirija a la meta. Los objetivos necesitan valores que los acompañen para que el esfuerzo valga la pena. Algunos objetivos deben ser más importantes que otros, y son las emociones que sentimos las que nos ayudan a decidir en cuáles debemos centrarnos.

- Las emociones arrojan luz sobre lo que valoras o necesitas. Actúas en base a tu mejor interés o en el mejor interés de tus seres queridos.

- Las emociones no son una entidad separada del pensamiento. En el ejemplo de Elliot, hay un claro vínculo o conexión entre los dos procesos, y uno no puede existir sin el otro.

- Las emociones ayudan a los demás a entender la forma en que nos sentimos. Basándose en la forma en que nos expresamos a través de la expresión facial y el lenguaje corporal, da pistas a alguien más sobre cómo usted puede sentirse. Es a través de las emociones que expresamos que otros pueden obtener importantes pistas o indicadores de cómo deben actuar a continuación.

- Las emociones también nos ayudan a entender a los demás. Las señales y los indicios emocionales que desciframos pueden dar lugar a una gran cantidad de información, y dado que la comunicación social es una gran parte de cómo desarrollamos relaciones significativas, la comprensión de los indicios emocionales nos permite reaccionar y responder adecuadamente.

o Las emociones nos dan el impulso y el deseo que necesitamos para cumplir con nuestras expectativas y objetivos (cuando no están sacando lo mejor de nosotros, es decir).

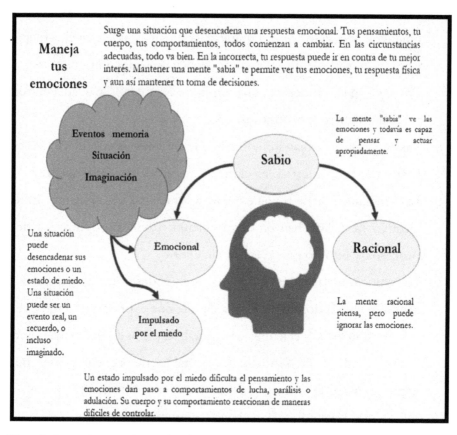

Maneja tus emociones

Surge una situación que desencadena una respuesta emocional. Tus pensamientos, tu cuerpo, tus comportamientos, todos comienzan a cambiar. En las circunstancias adecuadas, todo va bien. En la incorrecta, tu respuesta puede ir en contra de tu mejor interés. Mantener una mente "sabia" te permite ver tus emociones, tu respuesta física y aun así mantener tu toma de decisiones.

Eventos memoria
Situación
Imaginación

Sabio

La mente "sabia" ve las emociones y todavía es capaz de pensar y actuar apropiadamente.

Una situación puede desencadenar sus emociones o un estado de miedo. Una situación puede ser un evento real, un recuerdo, o incluso imaginado.

Emocional

Racional

Impulsado por el miedo

La mente racional piensa, pero puede ignorar las emociones.

Un estado impulsado por el miedo dificulta el pensamiento y las emociones dan paso a comportamientos de lucha, parálisis o adulación. Su cuerpo y su comportamiento reaccionan de maneras difíciles de controlar.

Uno de los primeros investigadores que creyó que las emociones tenían un papel vital en nuestra supervivencia y seguridad fue Charles Darwin. El miedo que surge cuando nos encontramos con situaciones peligrosas desencadena la respuesta primitiva de *lucha* o *huida*, facilitando la decisión de huir si es lo mejor para nuestros intereses.

Capítulo 2. ¿Qué es la ira?

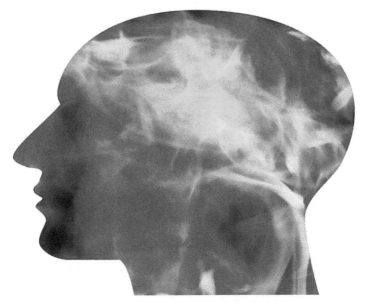

La ira es un sentimiento antagónico y fuerte que puede causar una tonelada de dificultades para el individuo que se encuentra con el sentimiento. Normalmente, la ira se construye y después de eso se expulsa como si usted no tuviera ningún poder sobre ella.

Esto puede ser extremadamente desfavorable para su confianza y seguridad en sí mismo también. Los individuos iracundos son típicamente inseguros de sí mismos, son básicos, y no tienen habilidades de adaptación viables establecidas para tener la capacidad de ajustarse a escenas furiosas. La ira también puede generar indignación hasta tal punto que cuanto más furioso estés, más enojado terminarás después de un tiempo. Además, tarde o temprano, puedes terminar amargado e incapaz de controlar tus sentimientos, arremetiendo contra individuos sin culpa que no tienen nada que ver con la ira en ningún caso.

La expresión de ira es siempre una elección, así que no tiene por qué ser una mala elección. Desafortunadamente, la mayoría de nosotros tomamos el camino más transitado cuando expresamos nuestra ira, y si bien los arrebatos de ira son un camino más fácil al principio, el arrebato tiene consecuencias duraderas que hacen que la vida sea más difícil.

La ira puede ser una expresión que aprendiste de niño de un cuidador, o puede ser algo que impulsa la genética hereditaria, pero las expresiones de ira que evolucionaron de tu entorno o del ADN pueden ser domadas si se le presta suficiente atención. Convertirse en una fuerza estable en un mundo inestable es un logro monumental, y deberías buscar la evolución hacia más control, más felicidad y más producción.

Las expresiones improductivas de ira comienzan con una situación dolorosa que se convierte en una emoción de ira, que evoluciona a un derrame o supresión de sentimientos en un esfuerzo por cambiar las circunstancias. Estas tácticas causan más fricción porque hay resistencia del otro lado, y esa resistencia causa más dolor.

¿Cuánto es demasiada ira?

Hay pruebas que pueden medir los sentimientos de ira y su intensidad. Estas pruebas pueden decirte qué tan bien manejas la ira y si eres propenso a sentirla más o menos. Sin embargo, existe una gran probabilidad de que, si ya sufres de problemas de manejo de la ira, ya lo sepas. Si tienes problemas para controlar la ira y puedes reconocerlo, ese es el primer paso. El siguiente es conseguir ayuda.

Algunas personas son mucho más propensas a los arrebatos que otras; reaccionan más fácilmente y de forma más extrema a las situaciones que otras personas y los sentimientos que experimentan son mucho más intensos.

En la otra cara de la moneda, hay quienes apenas reconocen una situación que debería hacerlos enojar. Y, en el medio, están los que no explotan de ira, sino que muestran su irritación siendo gruñones e irritables, a veces con las personas equivocadas.

Entonces, ¿cuánto es demasiada ira? Es una pregunta difícil de responder porque cada persona es diferente. Sin embargo, si eres o conoces a alguien que está enfadado todo el tiempo, que explota a la menor provocación, entonces hay una buena posibilidad de que él o ella, o usted, estén reteniendo demasiada ira.

Algunas personas tienen un bajo nivel de tolerancia a las situaciones frustrantes. No pueden tomarse las cosas con calma, especialmente si sienten que han sido tratadas injusta o injustamente, aunque sólo sea de forma menor. Lo que hace que la gente sea así es un misterio. Para algunas personas es genético, para otras, puede ser un problema sociocultural.

Capítulo 3. Tipos de ira

Hay diferentes tipos de ira que se expresan de muchas maneras diferentes dependiendo del individuo, su estado mental actual, su bienestar físico y/o su situación actual:

- **Conductual**

La ira conductual cae dentro de la categoría de agresividad, ya que a menudo se expresa físicamente. Este tipo de ira suele caracterizarse por sentimientos de estar abrumado hasta el punto de que uno arremete con rabia contra el objetivo de su ira. Esto puede implicar atacar a la otra persona físicamente, o si la otra parte no está presente, romper o lanzar objetos. Debido a su naturaleza impredecible, este tipo de ira a menudo resulta en daños graves en las relaciones. Si usted cree que tiene este tipo de ira, la mejor manera de tratarla es a través de la demora. En el momento en que sienta que su ira comienza a aumentar, tómese un momento para calmarse antes de hacer cualquier otra cosa. Si es posible, retírese de la situación y encuentre un lugar donde pueda relajarse y reconsiderar lo que acaba de ocurrir cuando ya se haya calmado.

- **Crónica**

Este tipo de ira es continua y a menudo se caracteriza por la ira hacia uno mismo y un resentimiento generalizado de la gente. Las personas que tienen ira crónica siempre parecen estar frustradas con casi todo y parecen tener el hábito de estar irritadas. Debido a su naturaleza prolongada, la ira crónica a menudo tiene efectos profundamente adversos en la salud y el bienestar general de la persona involucrada. Si usted cree que es alguien con ira crónica, es importante tomarse un tiempo para reflexionar sobre lo que podría estar causando su profundamente arraigada ira. Tal vez se deba a algo que experimentó cuando era más joven, o incluso a algo malo que le ha sucedido como adulto recientemente. Si puedes identificar qué cosas están causando tu resentimiento, te será más fácil resolver tu conflicto interno, quizás perdonando a las personas que te han hecho daño, y al mismo tiempo perdonándote a ti mismo.

- **Abrumadora**

Este tipo de ira ocurre cuando sientes que una situación está fuera de tu control. Suele provocar sentimientos de frustración e impotencia y suele ser el resultado de asumir demasiadas responsabilidades. A veces, también se produce cuando sucede algo inesperado, como la muerte de un ser querido o cualquier otro acontecimiento que eclipse su capacidad habitual para hacer frente al estrés. Muchas personas que experimentan este tipo de ira no son conscientes de que pueden tener problemas si ignoran lo que están pasando. Si experimentas una ira abrumadora, es crucial que busques ayuda inmediatamente.

- **Juiciosa**

Se puede decir que una persona tiene una ira juiciosa si parece estar reaccionando a una injusticia percibida. Esto es común entre las personas con tendencia a la reforma social. Las personas que tienen este tipo de ira generalmente se frustran con la injusticia en un sistema particular. Aunque este tipo de ira puede parecer noble la mayoría de las veces, puede resultar en que la persona gane enemigos potenciales y no sólo aliados.

- **Auto-Abusiva**

Como su nombre indica, este tipo de ira se caracteriza por el daño que se hace a sí mismo y a menudo se basa en la vergüenza. Las personas que tienen este tipo de ira suelen tener sentimientos de desesperanza e indignidad, y recurren a la autocomplacencia negativa, lo que a la larga puede conducir a la autodestrucción.

- **Vengativa**

La ira vengativa es la que viene como respuesta a ser confrontado, amenazado o atacado por otra persona. Como tal, es la expresión más común de ira y a menudo está motivada por el deseo de vengarse de uno mismo o de otro. También es intencionada y deliberada y tiene por objeto intimidar a los demás mediante la afirmación de la autoridad o el control de una situación, aunque la mayoría de las veces sólo empeora las situaciones. Siempre que tengas un impulso de este tipo de ira, es importante dar un paso atrás de la situación y pensar profundamente antes de actuar sobre sus emociones. Pregúntese si su ira mejorará la situación o sólo empeorará las cosas. Haciendo una pausa y pensando antes de dar un paso más, podrá difuminar el conflicto y evitar consecuencias no deseadas

- **Verbal**

A pesar de su naturaleza, la ira verbal es menos peligrosa que la mayoría de los tipos de ira. Sin embargo, su efecto en el objeto de la ira es menos que deseable. Los gritos furiosos, la burla, las amenazas e incluso el sarcasmo pueden causar profundas heridas como resultado del abuso emocional y psicológico. Y como resultado, es muy común que alguien que expresa su ira verbalmente se sienta avergonzado y arrepentido después. Si este es su tipo de ira, es importante que la próxima vez que usted esté a punto de enojarse piense primero antes de hablar. Es tentador soltar la primera palabra que te viene a la mente cuando estás enfadado, pero la clave para lidiar con la ira verbal es entrenarse para retrasar el impulso de atacar.

- **Volátil**

Este tipo de ira es posiblemente la más peligrosa. Puesto que es volátil, puede hacer erupción o explotar de la nada y puede ser extremadamente violenta. Va y viene sin previo aviso. Tampoco necesita ninguna razón, lo que la hace muy impredecible. Si esta es su forma de expresar su ira, significa que generalmente se molesta por cualquier cosa, ya sea grande o pequeña. Pero una vez que ya has expresado tus emociones, a menudo te calmas igual de rápido. Lo que pasa con la ira volátil es que puede ser muy destructiva, y si no se controla, puede llevar a estallidos violentos.

Capítulo 4. Falsos mitos a disipar

Mitos comunes sobre la ira

La ira es una de las emociones más incomprendidas, a pesar de ser tan poderosa. Hay mucha información engañosa acerca de lo que es, y la gente tiende a centrarse más en los aspectos malsanos de la ira, lo que lleva a muchos hábitos disfuncionales. Antes de que la gente pueda ser capaz de cambiar sus conceptos erróneos sobre la ira y la forma en que actúan cuando están enojados, tienen que ser testigos de ciertos mitos sobre la ira que están siendo sometidos a un proceso de desmitificación.

Es importante entender la verdad sobre este sentimiento para que las personas que se enfrentan a dificultades para afrontarlo puedan saber lo que pueden y lo que no pueden cambiar. Comprender este sentimiento podría ser la clave para el manejo de la ira.

Contrariamente a lo que la mayoría de la gente cree, la ira es una emoción completamente sana y normal, y estar enfadado no es ni totalmente malo ni bueno; lo que cuenta es cómo una persona elige manejar la emoción.

Desafortunadamente, las mentiras sobre la ira parecen abundar. Algunas de las más comunes son:

1. Es una emoción puramente negativa

Sentirse enojado no es la peor cosa. En realidad, la ira es una emoción humana normal y saludable y toneladas de grandes cosas y cambios positivos pueden surgir de la ira. Por ejemplo, una serie de injusticias y desigualdades sociales necesitaban individuos que estuvieran dispuestos y listos para expresar su ira para lograr un cambio positivo. Por ejemplo, Nelson Mandela, Martin Luther King, Jr. Emmeline Pankhurst, y otras luminarias desviaron su ira para lograr una reforma social positiva que hiciera del mundo un lugar mejor.

2. La ira se hereda

Uno de los mitos o conceptos erróneos sobre la ira es que la forma en que la gente expresa su ira no puede cambiar porque nació de esa manera. Es común escuchar a la gente decir: "Heredé mi ira explosiva de mi padre, y por eso reacciono de la manera en que lo hago". Esto sugiere que este comportamiento es inmutable y fijo. Sin embargo, numerosos estudios han demostrado que los individuos no nacen con una forma específica de mostrar la ira. Más bien, reaccionan de la manera en que lo hacen por aprendizaje. Como se trata de un comportamiento aprendido, la gente puede aprender a expresar su ira de maneras más apropiadas y productivas. Gran parte del comportamiento humano se aprende observando a otras personas, especialmente si ocupan una posición de influencia, como un padre, un amigo o un miembro de la familia. Por lo tanto, si los niños ven a sus padres reaccionar con enojo a través de ciertos actos agresivos, es muy probable que imiten ese comportamiento. Afortunadamente, las personas pueden revertir o cambiar el comportamiento negativo aprendido aprendiendo nuevas y mejores formas de lidiar con la ira.

3. La ira siempre llevará a la agresión

Otra idea errónea común es que la ira conduce automáticamente a la agresión, o que la agresión es la única forma efectiva de expresar la ira. Sin embargo, la ira no necesariamente tiene que acumularse y escalar hasta el punto de la violencia o la agresión. Dado que las personas son capaces de controlar su ira en ciertas situaciones, como cuando tratan con la policía, entonces pueden hacer lo mismo en cualquier otra situación. El manejo efectivo de la ira implica prevenir su escalada aprendiendo a ser más asertivos, desafiando las creencias irracionales, cambiando el auto-diálogo negativo y usando estrategias de comportamiento efectivas.

4. El manejo de la ira no funciona

La falta de habilidades de manejo de la ira a menudo conduce a problemas en todas las áreas de la vida. Muchos problemas legales, problemas de carrera y problemas en las relaciones surgen de expresiones de ira poco saludables e inapropiadas. Tomar terapia o clases de manejo de la ira puede ser una herramienta eficaz que ayuda a las personas a reducir y, en última instancia, evitar los arrebatos agresivos. Las investigaciones han demostrado que la terapia conductual puede ser un tratamiento eficaz para los problemas de control de la ira.

5. La gente necesita estar agresivamente enfadada para conseguir lo que quiere

Hay una gran diferencia entre la agresión y la asertividad. El propósito de la agresión es herir, intimidar, dañar o dominar a otras personas. Esencialmente, su objetivo es ganar a toda costa, sin importar las consecuencias. El objetivo de la asertividad, por otro lado, es expresar sentimientos de ira de una manera respetuosa orientada a encontrar una solución al problema actual.

Por ejemplo, si uno está molesto porque un amigo siempre llega tarde a las reuniones, se puede responder maldiciendo y gritando, o diciéndole al amigo que cuando llega tarde a una reunión se siente extremadamente frustrado y que desearía que él o ella fuera puntual más a menudo. El primer enfoque consiste en atacar a la otra persona en lugar de intentar abordar el problema que uno encuentra molesto y frustrante.

El segundo enfoque es una forma asertiva de expresar los sentimientos de insatisfacción y frustración de uno y explica cómo le gustaría que se abordara la situación. Este enfoque no amenaza ni ataca a la otra persona, lo que reduce la probabilidad de causar daño emocional. Expresar los propios sentimientos de manera asertiva y tranquila tiene más probabilidades de ganarse el respeto de uno que utilizar una comunicación agresiva. Además, es más probable que la otra persona se comunique.

6. Vaciar la ira es siempre saludable y deseable

Durante mucho tiempo, muchos laicos y profesionales de la salud mental creyeron que las expresiones agresivas de ira, como tirar cosas, golpear las almohadas o gritar, eran terapéuticas y saludables. Sin embargo, estudios de investigación más recientes han demostrado que las personas que hacen esto simplemente mejoran su destreza para desahogarse. Esencialmente, la expresión frecuente de la ira de manera agresiva refuerza este comportamiento. Esto demuestra que incluso los expertos pueden a veces creer en ideas equivocadas sobre la ira.

7. Todo está en la mente

La ira implica mucho más que la mente. Todo el mundo se ha sentido extremadamente enfadado en algún momento y probablemente ha experimentado una cara sonrojada, aumento de la frecuencia cardíaca y manos temblorosas. Esto se debe a que la ira extrema tiende a causar una respuesta psicológica, que a menudo alimenta el comportamiento agresivo y los pensamientos de ira. El manejo de la ira implica aprender a relajar la mente, así como el cuerpo, lo cual es clave para prevenir los estallidos explosivos.

8. Ignorar o suprimir la ira la hace desaparecer

Suprimir o ignorar la ira no funciona y tampoco es saludable. Cuando están enojados, algunas personas eligen negar sus sentimientos de ira, cubrir su frustración con una sonrisa, o permitir que otros los traten injustamente para mantener la paz. Sin embargo, al hacer esto, sin embargo, tiende a convertir la ira en algo interno, lo que puede llevar a una serie de problemas de salud mental y física, desde la depresión hasta la hipertensión.

9. Los hombres están más enojados que las mujeres

Los estudios de investigación han demostrado que las mujeres y los hombres experimentan la misma cantidad de ira. La única diferencia está en la forma en que la expresan. Los hombres tienden a expresar su ira de manera impulsiva y agresiva, mientras que las mujeres emplean un enfoque indirecto, como eliminar de sus vidas a las personas que les han hecho enojar.

10. Sólo ciertos tipos de personas tienen problemas de ira

La ira es una emoción universal. No afecta a ciertos tipos de personas, razas o profesiones más que a otros. Todos los tipos de personas, ya sean médicos, profesores, atletas, actores, abogados, camioneros, profesores universitarios, niños, ancianos, pobres, ricos, criminales, policías, amas de casa, solteros, casados, religiosos o no religiosos, experimentan ira. La diferencia está en la forma en que cada individuo trata con esta emoción.

Capítulo 5. ¿Qué factores generan problemas de ira?

La raíz de su ira

Ahora es el momento de identificar sus factores desencadenantes. Agarra un cuaderno o diario y empieza a escribir en él cada vez que te molestes por algo. Haz lo mejor que puedas para derramar cada emoción en la página y no en tu vida. Escribe lo que pasó, cómo te hizo sentir, y luego empieza a pensar en por qué te hizo sentir así. ¿Te pasó algo similar cuando eras niño? Sé específico y escribe todo lo que necesites. De hecho, no deje de escribir hasta que los latidos de su corazón se hayan estabilizado y su respiración haya vuelto a un ritmo normal y constante.

Trate de no culpar a nadie. Mientras escribe, evite señalar con el dedo a una persona en particular. Después de todo, no es la persona que lo hizo enojar sino algo que dijo o hizo. La mayoría de las veces, las personas que lo hacen enojar no tratan de hacerlo, y es increíblemente importante que usted reconozca que puede haber sido accidental de su parte. Asumir lo peor y permitir que su ira influya en su opinión sobre esa persona o su visión de su relación con esa persona sólo servirá para empeorar las cosas. La próxima vez que sienta que se enfada, respire hondo y aléjese de la situación. ¿No estás seguro de cómo excusarte de una situación tensa? Prueba con una de estas frases simples y respetuosas:

- "No creo que sea el momento adecuado para discutir esto".

- "Necesito tiempo para pensar antes de discutir esto".

- "Deberíamos revisar esto en una fecha posterior."

- "¿Podemos hablar de esto más tarde?"

- "Necesito unos minutos, por favor."

Recuerda siempre responder con respeto, sin importar cuán enojado te sientas. Responder irrespetuosamente sólo permitirá que la situación se intensifique, lo que sólo te enojará más y te hará más difícil controlar tus emociones.

Un psicólogo que se especializa en el manejo de la ira, el Dr. Jeffrey Deffenbacher, explica que algunas personas simplemente son más "impulsivas" que otras. A menudo se encuentran llegando a un punto de enojo muy rápidamente en comparación con otras personas, y tienden a sentir ese enojo más intensamente y por un período de tiempo más largo.

Es importante recordar que la ira puede manifestarse de manera diferente en cada persona. Algunas personas pueden ser propensas a gritar, maldecir o tirar cosas, mientras que otras pueden ser simplemente gruñonas crónicas, fácilmente irritables, socialmente retraídas o incluso físicamente enfermas. La ira no siempre es fuerte.

Las personas que experimentan con frecuencia ataques de ira también tienden a tener una menor tolerancia a las molestias o a la irritación. A veces, la predisposición a la ira es genética. A veces, es sociocultural o ambiental. Los individuos criados en un hogar con un padre iracundo tienen más probabilidades de convertirse en personas iracundas. Cuanto más caótico o perturbador sea su hogar, más probable es que experimente la ira y luche por controlarla.

A muy pocas personas se les enseña a expresar la ira cuando son niños. De hecho, los niños suelen ser castigados por expresar su ira. Muchos psicólogos están animando a los padres a que dejen que sus hijos pasen por las diversas emociones que experimentan cuando se enfadan. Permitir que sus hijos tengan una "rabieta" y luego tener una discusión abierta y honesta sobre lo que los hizo sentir de esa manera y cómo pueden evitar sentirse fuera de control o abrumados, puede ser increíblemente beneficioso más adelante en la vida. La ira no es algo de lo que haya que avergonzarse, siempre y cuando sea capaz de controlarla y evitar que se apodere de su vida, su salud y su bienestar.

La persona a quien hay que culpar por su ira siempre será usted, aunque no siempre es fácil aceptar esa culpa. Pero en última instancia, decidir cómo responder es una decisión que usted tomará. Necesitas volver a entrenar tu cerebro para que responda de manera diferente a como lo hace normalmente, porque ahora entiendes que sus emociones son su responsabilidad. La ira es su culpa, así como la alegría es su culpa. Tienes que elegir cómo responder a los buenos y malos momentos de la vida. Está completamente dentro de su control.

¿Por qué dejar que alguien más le arruine el día? Si permites que alguien o algo más controle sus emociones, le estás dando a esa persona demasiado poder sobre su vida, sus emociones y su bienestar. Le estás dando demasiado control. En lugar de ello, tome el control de su propia vida y sus propias emociones.

Puedes empezar este viaje identificando sus factores desencadenantes. ¿Hay ciertas palabras que te molestan? Para muchas personas, las burlas tontas de su infancia tienen efectos duraderos, y pueden sentirse irracionalmente enojados cuando escuchan a una persona decir el nombre de otra persona con la intención de insultar su inteligencia, clase, raza, género u orientación sexual.

¿Hay ciertas acciones que te molestan? Una persona puede enojarse increíblemente cada vez que alguien le miente. Aunque es fácil entender por qué una mentira molestaría tanto a alguien, también es muy vital encontrar una manera de entender que las mentiras no son un reflejo de la persona a la que se le mintió. Las mentiras son sólo un reflejo de la persona que eligió mentir. Así que, ¿por qué enfadarse por ello? Las mentiras son un síntoma de baja autoestima, y ¿qué bien hará la ira cuando la persona que te miente ya tiene una opinión tan baja de sí misma?

Una vez que hayas identificado algunos de sus desencadenantes, es importante explorar por qué existen como desencadenantes para ti. Nuestras emociones están enraizadas en nuestra infancia y adolescencia. La forma en que respondemos a lo que sucede en nuestra vida está moldeada casi enteramente por la forma en que fuimos criados y la forma en que la gente a nuestro alrededor respondió. Si necesitamos cambiar la forma en que reaccionamos ante algo, primero debemos entender cómo aprendimos a responder como lo hacemos.

Sentir que no tienes control sobre ti mismo o sobre la situación en la que te encuentras es la razón principal de la ira. ¿Hay cosas en tu vida que te hacen sentir como si no tuvieras ningún control sobre ellas?

Otra cosa que puede desencadenar una respuesta de ira es el sentimiento de irresponsabilidad. Si una persona toma una decisión irresponsable, puede consumirla hasta que explote de ira. La persona puede sentir que está agobiada por sus responsabilidades porque son una gran parte de su vida. La persona también puede sentir que las malas elecciones que ha hecho reflejan negativamente el tipo de persona que es.

Puede ser muy difícil dejar ir la ira cuando la raíz de la ira es el miedo. Algunas personas tienen miedo de que las acciones o elecciones de otros se reflejen negativamente en ellos, que su reputación se vea afectada negativamente, o que otros piensen mal de ellos como resultado de las decisiones que otras personas tomaron.

Sin embargo, ¡esa idea es completamente ridícula! Su vida es su vida. Nadie es responsable de su vida más que usted. Usted toma sus propias decisiones. Usted controla su propia vida. Las acciones de los demás no se reflejan en ti porque usted es su propia persona.

Si permites que alguien controle tus emociones y te hace responder con ira, entonces estás permitiendo que esa persona controle su vida, así como sus emociones. ¿Por qué permitirías eso? ¡Tome el control! Acepte la responsabilidad de cada sentimiento que tenga, positivo o negativo, y empiece a trabajar duro para descubrir qué o quién le está haciendo sentir muy enojado. Su vida y sus decisiones son suyas, no de ellos.

Cava profundamente. Si no puede identificar por sí mismo lo que le provoca y por qué, considere la posibilidad de acudir a un consejero o terapeuta especializado en el control de la ira. Ellos pueden proporcionarle la perspectiva externa y la voz de la razón que usted necesita para entenderse verdaderamente a sí mismo y sus reacciones. Las emociones rara vez son fáciles de entender, especialmente si no eres una persona intrínsecamente intuitiva.

La ira siempre se presenta como una emoción negativa, pero no es ni buena ni mala. No debe avergonzarse ni sentirse avergonzado por la emoción. No debes intentar vivir tu vida sin experimentar ira. Entienda que la ira le sucede a los mejores de nosotros.

La ira, como cualquier otra emoción, está destinada a transmitir un mensaje entre tu cerebro y tu cuerpo. A menudo es una reacción instintiva basada en algún tipo de miedo, y debido a la descarga de adrenalina que inunda su cuerpo cuando se enfada, es difícil reconocer qué es lo que le hace enfadar, o por qué le hace enfadar. La clave no es EVITAR la ira, sino expresarla de una manera sana y respetuosa.

¿Es saludable desahogarse y dejar salir la ira? Si bien no es saludable suprimir o esconder su ira, tampoco es saludable desahogarse demasiado. Debes encontrar un equilibrio en el que no necesites expresar tu enojo de manera agresiva. Las tiradas y los arrebatos sólo empeoran la situación.

¿Expresar tu ira te hará ganar respeto? Si no puedes expresar tu ira de una manera saludable, sólo te verás como un tirano o un matón. Eso no te hará ganar su respeto. Sólo enseñará a los demás a temerle, a evitarle, e incluso a mentirle si sienten que usted puede reaccionar negativamente a lo que tienen que decir.

¿Qué pasa si sientes que su ira es algo que no puede ser controlado? Aunque no puedes controlar cada situación en la que te encuentras, y no puedes controlar cómo te hacen sentir estas situaciones, SIEMPRE puedes controlar cómo expresarte. No tienes que expresar tu enojo de una manera verbal o física abusiva. Siempre puedes responder con respeto y humildad. La mayoría de las personas en su situación piensan que están manejando su enojo en un modo completamente responsable y que las personas a su alrededor son "demasiado sensibles". Esta actitud dañará rápidamente sus relaciones, le impedirá tener éxito en la vida, afectará su juicio y tendrá un impacto negativo general no sólo en su vida sino también en la forma en que los demás le ven.

El control de la ira no consiste en suprimirla o ignorarla. No se trata de no permitirse nunca sentir ira lo suficientemente profunda como para afectar su juicio. El objetivo principal del control de la ira es simplemente entender por qué te sientes así y cómo expresarlo de forma saludable y respetuosa. Si puede cambiar la forma en que expresa su ira, rápidamente descubrirá que sus relaciones personales y laborales se fortalecerán y su calidad de vida en general mejorará.

El control de la ira requiere un compromiso serio. No es fácil, pero se hará más fácil cuanto más tiempo trabaje en ello. Esto es especialmente cierto cuando ve que su trabajo le lleva a relaciones más fuertes, a alcanzar metas y a una vida más saludable y satisfactoria.

Si no puede encontrar una forma de controlar su ira, verá que tiene efectos significativos en su salud física. Los altos niveles de ira y estrés sólo harán que sea más probable que desarrolle enfermedades cardíacas, insomnio, diabetes, presión arterial alta y un sistema inmunológico debilitado.

La ira incontrolada también tiene un efecto significativo en su salud mental. Hace que sea difícil concentrarse, nubla su pensamiento, lleva a la depresión y a otras preocupaciones de salud mental.

La ira incontrolada también perjudicará su carrera. Los arrebatos y los episodios de ataques sólo alienarán a sus compañeros de trabajo, a sus clientes y a sus supervisores. Rápidamente perderás su respeto. Tienes que encontrar la manera de canalizar su ira en la crítica constructiva y el debate respetuoso para ser visto como un empleado confiable.

Finalmente, la ira incontrolada sólo dañará sus relaciones personales. Dejará cicatrices duraderas en sus relaciones y dificultará que sus amigos y familiares confíen en usted. También hará difícil que las personas en tu vida te hablen honestamente o se sientan cómodas a tu alrededor.

La ira no sólo es causada por el miedo, sino que también engendra miedo. ¿No es hora de detener el miedo que gobierna su vida, y finalmente tomar el control de su ira?

Capítulo 6. La ira como una emoción saludable

También hay otra Ira "Positiva", la que nos ayuda a reaccionar y a salir de los problemas. Es la emoción que en la evolución ha ayudado a nuestros antepasados a defenderse a sí mismos y a su descendencia de las amenazas ambientales y que, a diferencia del miedo, les empujó a atacar y no a huir. Es también la misma ira positiva que en la vida cotidiana nos da la energía para derribar el obstáculo que nos impide realizar una necesidad o un deseo: brota en nosotros cuando nos sentimos defraudados por algo, o cuando no aceptamos una injusticia. En resumen, sin esta "energía de ira" no tendríamos la fuerza necesaria para afirmar nuestros valores y hacer valer nuestros derechos. También, por ejemplo, en el mundo laboral. De hecho, existe esa energía de ira que nos hace perder los estribos, pero que nos empuja a trabajar más duro: es una ira asociada a un sentido de optimismo y vitalidad. Entre los Ilongot, las tribus de cazadores de cabezas que viven en las selvas de Nueva Vizcaya, en Filipinas, lo llaman Liget.

Cómo manejar la ira reprimida y cómo liberarla de forma saludable y constructiva.

Reprimir la ira consciente o inconscientemente puede llevar a algunas consecuencias negativas.

Tal vez se pregunte cómo puede manejar, controlar o ventilar su ira de una manera más constructiva.

El hecho de que reconozcas la ira reprimida en tu interior no significa que puedas empezar a tirar cosas, gritar o incluso perseguir a la primera persona que te corte el paso.

Considere las siguientes estrategias como indicaciones. Para llegar al fondo de cualquier problema psicológico, a menudo es necesario el apoyo profesional.

4 maneras de manejar adecuadamente la ira

1. Adquirir conciencia de su ira

El primer paso es, como siempre, la conciencia.

La introspección es fundamental para identificar las razones y causas más profundas de la ira reprimida. Su ira puede estar plenamente justificada por lo que ha experimentado en el pasado.

Los niños, en particular, tienen profundas necesidades emocionales y físicas. Si no se satisfacen, esto puede conducir a manifestaciones emocionales en la edad adulta como la irritabilidad o los ataques de ira.

En las relaciones, estas emociones pueden expresarse en forma de críticas o de una necesidad excesiva de cercanía con su pareja.

¿Cómo se empieza?

En el momento en que algo desencadena su ira, puedes reconocerlo y decidir conscientemente cambiar tu reacción manteniendo la calma y analizando el motivo de la reacción inicial.

No siempre es simple, pero es posible.

Es el primer paso fundamental para poder canalizar tu ira de manera productiva.

2. Reconocer los signos de la ira y tratar de manejarlos de manera diferente

Reconocer los signos de ira es un paso importante. Puede sentir que su ritmo cardíaco y su respiración se aceleran y que su cuerpo se pone rígido. Cuando sienta estos signos, puede intentar alejarse de la situación estresante y darse tiempo para calmarse y reducir la impulsividad.

El clásico "cuenta hasta diez" es una buena técnica, como lo es tratar de disminuir su ritmo respiratorio inhalando más tiempo del que exhala. Estas pequeñas técnicas pueden ayudarle a relajarse, a mantener la calma y a pensar con más claridad.

3. Identificar los factores desencadenantes

Los factores desencadenantes de la ira pueden definirse como cualquier cosa que desencadena una reacción de ira en una persona. Debido a que cada persona es diferente, cada desencadenante es diferente.

Pueden variar según la edad, el sexo e incluso la cultura. Las experiencias de vida tienen el mayor impacto en cómo los desencadenantes de la ira eligen emerger.

Algunos desencadenantes comunes son:

- Falta de respeto al espacio personal

- Recibir insultos

- Recibir amenazas

- Que te mientan

- Ser acusado falsamente

- Ser cuestionado o interrumpido

- Ser ignorado

La ira de los hombres parece ser un poco más abstracta y estar vinculada a los ataques experimentados como personales, mientras que la de las mujeres parece estar mezclada con el sufrimiento vinculado a las dificultades en las relaciones interpersonales.

¿Cómo identificar los factores desencadenantes?

Un buen ejercicio es notar e identificar todo lo que desencadena reacciones de ira. Se podría anotar lo que desencadenó la reacción, cómo se manifestó (por ejemplo, los síntomas físicos), cuánto tiempo duró y cómo se comportó.

Con el tiempo, al observar los diversos comportamientos y situaciones que desencadenan reacciones agresivas, puedes pensar en las conexiones que puedes hacer con las posibles causas (pasadas o no).

Intenta expresarlo de forma constructiva

He recopilado algunas formas alternativas de expresar la ira de forma constructiva y aprender a mantener la calma incluso en las situaciones más difíciles.

Permítase sentir su ira completamente. La ira es conocida como una emoción secundaria. Esto significa que a menudo encubre algo más. Cuando te permites sentir tu ira completamente y la sacas a relucir, es común percibir emociones como la tristeza, el dolor y el miedo. Te permites sentir su ira para poder escuchar lo que le está comunicando.

Después de identificar las razones de su ira reprimida, el siguiente paso es dejarla salir. La liberación de su ira puede tomar muchas formas, como enfrentar a un padre, a un compañero tóxico o incluso a usted mismo. No es necesario confrontar la situación directamente si esto es inapropiado o imposible. Incluso escribir una carta o un correo electrónico que nunca enviarás tiene enormes beneficios. Otras formas de desahogar su ira son gritar, golpear una almohada o un saco de boxeo, o cantar a todo pulmón. Expresar libremente lo que siente es una gran manera de liberar la tensión, mejorar tu estado de ánimo y tener más tiempo para pensar con claridad. Expresarse puede hacerse de varias maneras: pintando, jugando, cantando, bailando, escribiendo, o teniendo conversaciones profundas con sus amigos o familia.

Intente ver la situación desde diferentes perspectivas. Cambiar su forma de pensar sobre la situación y sobre usted mismo es un proceso largo y potencialmente difícil. La ira reprimida puede ocultar experiencias profundas y no es fácil cambiar la forma de pensar como si nada hubiera pasado. Confrontar a otras personas e intentar dar diferentes interpretaciones de la situación te permite tener más control sobre la reacción posterior.

Evite juzgarse negativamente. Incluso si tiene reacciones agresivas o ataques de ira, esto no significa que haya algo malo en usted. La ira suele tener causas profundas y tomar conciencia de lo que la desencadena, cambiar de perspectiva y tratar de cambiar su reacción ante ella son pasos importantes que hay que dar. No se juzgue si no puede hacerlo de inmediato, y no se rinda ante la primera dificultad.

El ejercicio es una excelente forma a largo plazo de manejar sus emociones y dejarlas fluir. Reduce el estrés y mejora su estado de ánimo mediante la liberación de endorfinas. Puede ser cualquier forma de actividad, desde el culturismo hasta la carrera, pasando por varios u

Mejorar la dieta y la calidad del sueño tendrá un profundo impacto en su salud mental. Comer alimentos saludables y dormir al menos 8 horas por noche también es beneficioso para el manejo de sus emociones, incluyendo la ira. Asimismo, evitar el alcohol y las drogas es crucial.

Capítulo 7. Vivir con la ira

Ahora que has aprendido el núcleo de los sistemas fisiológicos y cognitivos de la ira, estás equipado para lidiar con tu ira en el mundo real. Estás listo para responder en lugar de reaccionar. Puedes responder en lugar de reaccionar. Aprenderás prácticas que puedes hacer cada día para construir sobre lo que has aprendido y crear el hábito de trabajar a través de los desafíos de la vida en lugar de ser arrollado por ellos o atrapado por ellos. Repasaremos los diferentes ámbitos de la vida: el trabajo, el amor, la familia y los amigos, y aprenderemos habilidades para cada uno.

Sentir la ira

Desde el momento en que nos levantamos por la mañana, la ira está disponible. El sonido de una alarma a las 6:10 a.m. es demasiado temprano. ¿Quién hizo que el sol brillara tanto? ¿Por qué tengo que ir a trabajar hoy? ¿Por qué mi hijo aún no ha aprendido a dormir hasta tarde? ¡Hombre, olvidé ir de compras ayer, y no hay huevos en la casa! Argh, ¿y tampoco hay más café? ¿Por qué no compraste ningún *$#*@& café? Son las 6:15 de la mañana, y ya me estoy aproximando a un estado de rabia.

A través de nuestro uso de la escala de control de la ira, hemos visto que no se trata de la eliminación completa de la ira. No te estamos convirtiendo en una especie de imposible ser espiritual libre de ira, levitando sobre los problemas del mundo con una sonrisa. No se trata de una cirugía; se trata de enfrentar las situaciones de una manera diferente con una actitud diferente nacida del conocimiento del funcionamiento de nuestra mente y nuestro cuerpo. Parafraseando al Buda histórico, cuando me estoy enojando, sé que me estoy enojando. Cuando estoy enojado, sé que estoy enojado. Cuando la ira pasa, sé que la ira pasa. Todavía vas a experimentar la ira en tu vida. Pero estarás un paso adelante de ella. Sabrás que estás experimentando la ira. Sólo este grado de atención te salvará de convertirte en tu ira.

Integrando el cuerpo y la mente

Nos hemos reunido y hemos empezado a utilizar una gran base de sabiduría sobre nuestro cuerpo y nuestra mente. Sabemos ahora que mucho de lo que se manifiesta como ira viene de las partes de nuestro cerebro que operan por debajo del nivel de nuestras capacidades más humanas. Esta actividad cerebral está diseñada para mantenernos a salvo, alimentados y vestidos, conectados a figuras de apego, y fuera de las garras de los depredadores. Esta energía no escucha a la mente racional para buscar pistas. Cuando estas partes del cerebro envían un mensaje, el cuerpo hará lo que estas partes de supervivencia del cerebro le digan, sin importar lo que el pensamiento racional pueda decir. Esta energía mental y física envía información a la mente racional, y entonces la mente racional responde si es posible.

A veces la mente racional puede darle sentido y tener una respuesta razonable. Cuando la información y los recuerdos se procesan correctamente, la mente racional puede identificar la diferencia entre el dilema de este momento y los estados de cuerpo y mente del pasado. Cuando no tenemos el hábito de asentar el cuerpo y la mente para poder atender las emociones difíciles con un sentido de equilibrio, se produce un efecto de bola de nieve en el que la ira actual se encierra en los sentimientos, sensaciones y pensamientos equivocados de los estados de ira experimentados anteriormente, y cada uno refuerza al otro. Nuestro pasado se concreta más, y a su vez hace que las manifestaciones de la ira actual sean peores de lo que eran cuando comenzaron, y así sucesivamente.

Uno de los mayores descubrimientos y contribuciones que Buda hizo al mundo del manejo de la ira es la idea de que el pensamiento precede a la acción. Él afirmó claramente que antes de hacer cualquier cosa en la vida, establecemos una intención. El problema es que a veces esa intención se establece por debajo del nivel de pensamiento racional por el sistema de lucha o huida, y entonces me miras de reojo y te doy un puñetazo en la cara una fracción de segundo después de que mi cerebro de lagarto establece la intención de hacerlo. Buda recomendó la práctica de la atención como el antídoto para la determinación de la intención sin mente y para ayudar a integrar completamente el cuerpo y la mente.

La atención a nuestros cuerpos nos ayuda a asentarlos y sacarlos de las reacciones de lucha o huida que impulsan y alimentan nuestra ira. Entonces también podemos traer la atención a nuestros pensamientos para ver los pensamientos que son hábiles y útiles y los que no lo son. Y ahora tenemos la capacidad de tener una conversación con nuestro cuerpo y mente enfadados y encontrar nuevas soluciones. Así es como se ve la integración del cuerpo y la mente: comunicación consciente dentro de nosotros mismos para permitir el establecimiento de nuevas intenciones.

Responder de forma diferente, ya no sólo reaccionar

Ahora que hemos establecido el nuevo centro de mando para controlar nuestra ira, podemos salir al mundo y hablar y actuar dondequiera que vayamos con menos miedo a convertirnos en una máquina de ira accidental. Hemos reiniciado el sistema corporal a través de la conciencia consciente. Hemos reentrenado el sistema de pensamiento para que tenga más agencia y habilidad para elegir pensamientos y vincular pensamientos y sentimientos. Hemos establecido un sistema de comunicación interna basado en la "conciencia consciente" donde fijamos y reajustamos la intención de mantener nuestra atención en nuestros estados corporales y pensamientos. Ahora notamos que los estados de nuestro cuerpo y mente llegan, los notamos cambiar, y los notamos irse.

¿Cómo se manifiesta todo esto como una respuesta diferente?

Se reduce a dos palabras que ya hemos aprendido: La Pausa. Todo lo que hemos aprendido nos ha llevado a esto. Cuando no tenemos la pausa, entonces por definición estamos simplemente reaccionando. La pausa es donde residen todas las cosas buenas. Es en la pausa donde podemos detenernos para tomar una acción exigida por el cerebro de reptil de la que más tarde nos arrepentiremos. Es en la pausa que podemos desarrollar una comprensión que puede alimentar una respuesta más racional. Es en la pausa que podemos formular una nueva forma de responder, una forma totalmente nueva de hablar y actuar.

La ira: Está con nosotros todos los días

La ira es una emoción humana normal. Mucha gente ha desarrollado la noción de que la ira es sinónimo sólo de rabia. De hecho, la rabia es sólo uno de los muchos sinónimos de la ira. En nuestra escala de 0 a 10, la ira vive en los extremos superiores de ese continuum. Y me arriesgaré a decir que la ira en sí misma es una emoción humana normal. Cada uno de nosotros tiene esos problemas o eventos o injusticias que producen un sentimiento que se inclina directamente en ese extremo superior de la escala de la ira.

Es normal, y es humano.

Otras tres cosas que son exclusivamente humanas son la capacidad de tener una visión, la capacidad de tomar decisiones y elecciones racionales, y la capacidad de aplicar la atención a nuestras sensaciones corporales, nuestras emociones y nuestros procesos de pensamiento. A medida que nos enfrentamos a la realidad de nuestra ira cada día, necesitamos honrarla y hacer saber a esa parte de nosotros que somos conscientes de ella y capaces de manejar estas fuertes emociones. Si podemos llevar la atención a la más poderosa de nuestras iras -nuestra rabia- entonces podemos trabajar nuestro camino y desarrollar la atención a las formas menores de nuestra ira. Y si estamos en contacto de esta manera con la variedad de manifestaciones y niveles de ira, podemos abordar todas y cada una de ellas en cualquier momento.

Si sabemos que la ira será parte de nuestras vidas todos los días, entonces podemos hacer un trabajo a corto y largo plazo para apoyar nuestros esfuerzos. A corto plazo, queremos tener estrategias inmediatas como las que hemos desarrollado con nuestros consejos de emergencia y el uso de la escala de ira para crear una pausa entre los sentimientos, pensamientos y acciones. También queremos hacer el trabajo a largo plazo de continuar disminuyendo nuestra tasa de ira en reposo. Ya que sabemos que la ira estará con nosotros cada día, ¿por qué no intentar que empecemos en un número más bajo de la escala? De esa manera estaremos menos en peligro de subir por la escala a un territorio peligroso, donde podemos tener menos control sobre nuestras acciones.

Utilizando una combinación de habilidades de atención que abordan nuestras luchas en el momento y un programa continuo de enseñanza a nuestro cuerpo, mente y espíritu para reducir nuestro ritmo respiratorio, nuestro ritmo cardíaco y nuestra presión arterial, nos encontraremos en condiciones de vivir con nuestras parejas, nuestras familias, nuestros lugares de trabajo, nuestros viajes a la tienda de comestibles, nuestros paseos en coche por la autopista -todas nuestras relaciones y nuestras interacciones diarias-, mientras que también nos sentimos en paz con nosotros mismos y con los demás.

Consejo de emergencia

El ejercicio es una de las muchas claves a largo plazo para reducir la tasa de ira en reposo. A veces somos capaces de usar nuestras estrategias a largo plazo en el momento. Puede ayudar si tienes un espacio privado para esto, pero tal vez dejarte caer y comenzar una serie de flexiones puede calmar una situación debido a su extraña naturaleza. De cualquier manera, una rápida explosión de actividad física a un nivel que usted sea capaz de hacer, puede a menudo trabajar con alguna energía de ira rápidamente, usando la adrenalina y el cortisol que la ira produce y cambiando su perspectiva.

Trabajando con los factores desencadenantes diarios

Una de las principales enseñanzas de la conciencia es la verdad de las tres características de la existencia. Pueden ser parafraseadas así: Las cosas siempre están cambiando. La vida es a menudo insatisfactoria o difícil. Y tomar las cosas personalmente es en el fondo ilusorio, así como doloroso e innecesario.

Por supuesto, a veces cuando la gente hace cosas que te molestan o te enojan, se basa en acciones o palabras que te afectan personalmente. Para nuestros propósitos aquí, digamos que la gran mayoría de las veces, en realidad no es personal. Uno de los mejores ejemplos de esto es una situación de ira en la carretera. Alguien te corta el paso en la autopista. Gran parte de la rabia que sientes puede provenir de tomarlo como algo personal: la creencia de que la otra persona sabía que eras tú el que estaba en el auto, que no le gustaba la marca y el modelo de tu auto, o que en realidad era capaz de intuir algunas características de tu personalidad que no les gustaban, así que te cortan el paso. Lo más probable es que no te vieran, o que simplemente fueran malos conductores, o que quizá fueras demasiado rápido, lo que provocaría la ilusión de que te cortaran el paso.

Si puedes responder a las situaciones regularmente sin tomarlo como algo personal, te garantizo que tu tasa de ira en reposo mejorará de la noche a la mañana. Hay un dicho en Al-Anon, el programa de 12 pasos desarrollado para personas que tienen seres queridos con una adicción. En ese programa a menudo he escuchado a la gente decir: "No te lo están haciendo a ti. Sólo lo están haciendo". Habrá situaciones en las que los intereses profundamente personales chocarán y la ira se centrará en estas diferencias, pero si nuestra primera inclinación es que no es personal, nos ahorraremos mucho dolor y mejoraremos nuestras habilidades de manejo de la ira de manera exponencial.

Meditación: No es personal

Aquí hay un ejercicio diseñado para desarrollar aún más esta habilidad de no tomar las cosas personalmente. Vamos a usar un mantra de hoy en día como herramienta. A lo largo del día, noten los momentos en los que sienten que su ira surge, tal vez en lo que se refiere a las pequeñas cosas. Por ejemplo, sacas ese frasco de pepinillos de la nevera, y tratas lo más que puedes de quitarle la tapa porque realmente quieres un pepinillo. Luchas y te esfuerzas y aun así no hay pepinillos. En este punto, intenta decir en voz alta o en silencio, "No es personal".

Respira un par de veces, y tal vez incluso repita el mantra. Luego puedes reanudar tu trabajo en el frasco de pepinillos. Lo pasas por agua caliente, secas la tapa, le das tu mejor agarre, y... aun así no se mueve. Y ahora los encurtidos son la única comida en la tierra que te hará feliz. Tómate un momento y repite el mantra: "No es personal". Dilo un par de veces más mientras respiras con atención.

Este ejercicio puede darte una nueva perspectiva de algunas de las distorsiones cognitivas que alimentan la ira y empeoran terriblemente las cosas. Por ejemplo, podrías pensar que esta compañía de pepinillos me tiene manía. Nunca puedo abrir los frascos de pepinillos. Los pepinillos me odian. El mundo entero está en mi contra. Fíjate en cómo la ira tiene menos que alimentar cuando estas distorsiones personalizadas se sacan de la mezcla. Este ejercicio puede ser usado en asuntos más complicados y también en los que se desencadenan.

La ira en casa

La ira mal administrada en el hogar puede ser tan destructiva a lo largo del tiempo que las religiones del mundo han estado lidiando con ella durante milenios. En la fe judía, se pone mucho énfasis en tener paz en el hogar. La enseñanza se llama Shalom Bayit. De acuerdo con la enseñanza talmúdica, "Si uno trae la paz al hogar, es como si la paz fuera traída a todo el pueblo de Israel". Hay un gran parecido aquí con la enseñanza budista de la bondad amorosa, las muchas enseñanzas cristianas relacionadas con el amor al prójimo, y enseñanzas similares en todas las tradiciones espirituales y religiosas del mundo.

La ira mal controlada puede terminar con las relaciones entre hermanos, puede destruir los lazos entre padres e hijos, y puede causar estragos en las relaciones primarias. Incluso puede tomar familias extensas y separarlas, a veces sin resolución. Esto cubre un amplio rango de territorio, desde peleas sobre quién se queda con el control remoto o quién es el hijo favorito hasta miembros de la familia que guardan rencores y resentimientos que llevan a una vida literalmente sin hablar. Todo esto es nuestra preocupación en la construcción de habilidades de manejo de la ira a corto, mediano y largo plazo. Queremos lidiar con las cosas pequeñas por su propio bien y para que no se conviertan en cosas grandes, y queremos ocuparnos de los resentimientos y rencores ya arraigados para que podamos tener una vida interna y externa más agradable para aquellos a los que estamos más cerca.

Trabajando con los factores desencadenantes en casa

A veces lidiar con los desencadenantes de la ira en casa puede parecer la montaña más alta de todas para escalar. Tu familia sabe cómo pulsar tus botones porque ellos los instalaron. En cierto sentido, tu casa es un gran disparador de ira esperando a suceder. No se trata sólo del síndrome de "siempre hieres a la persona que amas". Se trata de lo intensa que es la competencia implícita en un hogar o familia extendida por el amor, el apego, los recursos, la comida, la ropa, el cuidado y todas las demás necesidades. En un hogar relativamente feliz, tenemos éxito al proveer todas esas necesidades básicas que mantienen a la gente al menos en una línea de base de cierta ecuanimidad. Sin embargo, al mismo tiempo, incluso en un hogar relativamente feliz, existe una amplia oportunidad para que cualquiera de las personas de ese hogar sienta que sus necesidades no están siendo satisfechas. En ese momento, la respuesta de ira se vuelve importante para satisfacer esa necesidad, y, como puede salir mal fácilmente, debe ser manejada.

¿Cuáles son algunos de los desencadenantes que las personas encuentran en el hogar?

Bueno, son prácticamente infinitos. Tal vez es la hora de dormir según el padre y no tanto según el hijo. Tal vez a uno de los padres no le gusta cocinar, el otro cocina todo, y el resentimiento se acumula con el tiempo. Podría ser que los hermanos se peleen entre sí - la respuesta de ira en acción - mientras que los padres tienen dos ideas diferentes de la disciplina, así que ahora todo el mundo está en el caos. Un hermano adulto podría estar celoso del otro y actuar de forma agresiva o pasivo-agresiva que lleva a una erosión de la comunicación. Tal vez un padre no aprueba a alguien con quien su hijo está saliendo. Un niño no aprueba a alguien con quien su padre soltero está saliendo. Grandes y pequeños, el cerebro límbico y el cerebro reptil siempre están al acecho de las necesidades que no se satisfacen, ya sea que sólo sean necesidades percibidas o necesidades reales. Aquí es donde la teoría se pone a prueba a través del espectro de los dominios de la vida. Más que cualquier otro desencadenante, incluso más que la pena y la tristeza, el mayor desencadenante de la ira es la percepción o las necesidades reales no satisfechas. Ya sea por cosas materiales o por un valor necesario como el respeto, ya sea por la necesidad de un nuevo coche o de que se haga justicia finalmente en el mundo, estamos constantemente en busca de nuestra supervivencia. La ira mal administrada con el tiempo conduce a un alcance cada vez mayor de aquellas personas, lugares, cosas e ideas que se perciben como necesidades de supervivencia. Esto no quiere decir que algo de lo que nos enfadamos no sea de hecho sobre la supervivencia. Personas con preocupaciones de justicia social, personas enojadas por la pérdida de su vivienda o ingresos, personas enojadas por cualquier número de problemas reales de vida o muerte, esta es nuestra ira que se dirige a las verdaderas necesidades no satisfechas, proporcionando el combustible para satisfacer nuestras necesidades si se utiliza con prudencia. Sin embargo, el punto en el que la percepción de las necesidades de vida o muerte se extiende a otras áreas es a menudo donde la ira se apodera de la escena, diseña las estrategias y dirige el desfile. Comenzamos ese ciclo de pasar por alto accidentalmente nuestras capacidades cognitivas en nuestra toma de decisiones, y puede que ni siquiera sepamos o entendamos por qué está sucediendo esto.

En el hogar, todo se siente como supervivencia. Es el lugar en el que todos hemos acordado hacer de nuestra supervivencia juntos nuestro objetivo número uno. Si añadimos estrategias sólidas de control de la ira al cuadro, podemos aprender el arte de prosperar en lugar de sólo sobrevivir.

Capítulo 8. Leyendo la situación bajo la mejor luz

En este momento, lo estás haciendo muy bien porque estás calmando tu ira. También has conseguido reducir las cosas por las que puedes estar enfadado. A este nivel, deberías tener un nivel bastante manejable de emociones crudas. No ha desaparecido completamente, pero definitivamente estás bien encaminado. Para clavar otro clavo en el ataúd de tus problemas de ira, necesitas aprender a leer la situación de la mejor manera posible.

Cómo eliges leer una situación significa mucho

¿Qué quiero decir con leer una situación? Ya te he hecho pasar por el proceso de concentrarte en ciertos hechos. Ya te he enseñado que debes ser claro en las emociones que usas para pintar un escenario para ti mismo, porque puedes estar pensando en ciertos detalles que pueden no estar ahí. Leer una situación significa simplemente cómo ves lo que te está pasando. ¿Es una oportunidad de aprendizaje? ¿Es una especie de momento para enseñar? ¿O es algún tipo de herida con la que tienes que lidiar? ¿Es algún tipo de insulto continuo a quién eres, a lo que eres y a tu carácter? Por supuesto, si eliges leer la situación basada en la última forma, esto hace que tu ira empeore.

Aun así, al posicionar la situación en términos de blanco o negro, resaltas tu elección. Este es realmente el punto de este ejercicio. Te recuerdas a ti mismo que tienes una elección. Vas a resumir todo en una elección en blanco y negro porque hace más fácil recordar que es una elección. Es mucho más difícil elegir cuando las elecciones tienen muchos colores, tonos y matices diferentes. Pero cuando reduces todo a blanco y negro, te sientes atraído por la luz. Se destaca. Es la alternativa clara.

Lo malo, la dirección equivocada, y la decisión también se destaca. Concéntrate en el hecho de que siempre puedes elegir. No eres esclavo de tus emociones. No tienes que responder automáticamente de la peor manera posible. Ahora que tienes estas alternativas en blanco y negro frente a ti, necesitas llevar las cosas al siguiente nivel.

Encuentra la mejor luz

Ahora que tienes claro qué tipo de reacciones están disponibles y las has convertido en una elección estelar, esto debería darte la motivación para mirar los hechos de nuevo. Revisar los hechos y su interpretación de los mismos. ¿Hay alguna otra forma de analizar esto? ¿Hay otra manera de ver cómo es tu experiencia en la situación y cómo se conecta con muchas cosas que suceden en tu vida? ¿Puedes explicar por qué tiendes a sentirte de cierta manera?

Cuanto más haces esto, más aprendes sobre ti mismo. Tal vez esta persona que hizo una broma pesada te desencadenó tanto, no porque sea una especie de basura que te tiene manía, sino porque estás frustrado en otras áreas de tu vida. Si ves las cosas bajo esta luz en cómo conectas los temas centrales con lo que está pasando delante de ti, ganas perspectiva. Es menos probable que sigas tus peores instintos.

En vez de eso, te dices a ti mismo, "¿Estoy reaccionando de esta manera porque estoy frustrado y enojado por otras partes de mi vida? Tal vez no sea esta persona o situación o ese recuerdo. En cambio, es otra cosa. Tal vez, si me ocupara de las grandes cosas que están pasando en mi vida, estaría menos enojado. Habría menos cosas por las que enfadarse".

Concéntrate en la experiencia y en cómo se conecta con otros temas centrales que suceden en tu vida. Te sorprenderá la forma en que conectas los puntos.

Crear un enlace de retroalimentación positiva

Ahora que está viendo la situación en términos de blanco y negro y se ha permitido comprobar los hechos y su interpretación, el siguiente paso es tratar de obtener una respuesta positiva. No siempre es fácil, pero cuando tienes una opción de inicio frente a ti, definitivamente te da la urgencia emocional que necesitas para hacerlo. Se necesita trabajo, pero se puede hacer. La mejor parte es que cuanto más lo hagas, más fácil será con el tiempo. Pero tienes que empezar.

¿Cómo se crea un vínculo de retroalimentación positiva? En primer lugar, al entender que estás respondiendo en base a ciertos temas centrales de tu vida, obtienes una perspectiva. Ahora entiendes por qué las cosas están funcionando como lo hacen. También te das cuenta del hecho de que no tiene que llevar al peor de los casos. No tiene que llevarte a quemar tus puentes, a herir muchos sentimientos o a que te exploten cosas en la cara. Mira los hechos y mira si hay algo que sea neutral. ¿Hay algo que no sea tan malo? Una vez que seas capaz de hacer esto, el siguiente paso es crear un vínculo de retroalimentación positiva. Empiezas por concentrarte en la vez que manejaste bien tu ira. Puede que pienses que eres realmente malo en esto o que tu ira siempre se lleva lo mejor de ti. Sé de dónde vienes, pero debería haber al menos una vez en la que hayas sido capaz de manejar esta emoción en bruto correctamente. ¿Puedes recordarlo? ¿Puedes concentrarte en eso?]

Ahora que tienes ese recuerdo en tu mente, pregúntate: "¿Cómo me sentí cuando pude hacer eso?" Como mínimo, deberías sentir algún tipo de alivio. Presta atención a cualquier otro resultado positivo que hayas obtenido manejando bien tu ira.

Una vez que tengas claro esto, siéntete bien con esos eventos positivos. Recuerda siempre las emociones que sentiste. Estas son grandes emociones. Te sentiste en control. Sentiste que no tienes que caer de cabeza en la ira, el dolor y la culpa.

Ahora que estás libre de esos eventos, conecta activamente esto con la ira que sientes ahora. Una vez más, para que esto funcione, tienes que hacer esto una y otra vez. La buena noticia es que cuando nos permitimos pensar en ciertos recuerdos, se desencadenan. Usa eso como práctica.

Conecta activamente estos recuerdos del pasado donde sentiste que dominabas tus emociones y asócialos con tu ira. De esta manera, cuando sientes ira, constantemente recuerdas ese momento o momentos o las situaciones pasadas en las que lo manejaste de la mejor manera posible. De esta manera, tu ira ya no te empuja a dar estos pasos tan duros. No tienes que decir cosas realmente hirientes. No tienes que agredir físicamente a alguien, en cambio, tu ira desencadena recuerdos pasados de que actuaste de la manera correcta.

Si sigues todos los pasos anteriores, esto se hace más fácil de hacer porque en este punto, estás viendo la situación de la mejor manera posible. No te pongas demasiado optimista. A veces, la mejor luz posible no es una gran mejora. Pero cuando creas un vínculo de retroalimentación positiva, eres capaz de conectarte con una sensación de control y acción voluntaria que te recuerda que aún puedes elegir sin importar cuán intensas sean tus emociones en este momento.

Capítulo 9. Pensamiento positivo para una vida libre de ira

Hemos visto cómo tratar con la ira a través de la evasión es ineficaz y por qué la supresión de la ira sólo puede conducir al desastre. Exploramos las razones por las que es vital manejar la ira con inteligencia emocional y cómo podemos cultivarla.

Vamos a discutir la importancia de cultivar el pensamiento positivo cuando se trata de problemas de ira. Algunos de los temas importantes que vamos a abordar incluyen cómo cambiar la forma en que pensamos, cómo combatir los pensamientos negativos cuando surgen, y cómo solucionar los problemas sin ira. También vamos a discutir cómo se puede utilizar la relajación y la respiración para combatir los problemas de ira. Con suerte, habrán aprendido a tratar eficazmente su ira de manera que sea beneficiosa tanto para ustedes como para las personas en su vida.

Cambie la forma en que piensa sobre su vida

Te des cuenta o no, la forma en que piensas en ti mismo y en tu vida determina en gran medida la calidad de tu vida. Si constantemente tienes pensamientos y sentimientos felices y positivos, la vida se siente mágica, excitante y muy satisfactoria. Los pensamientos y las emociones agradables pueden motivarle a tomar medidas que mejoren su bienestar y hagan que su vida valga más la pena. Puede decidir aceptar el trabajo que ha estado esperando o ponerse en acción y abrir el negocio en el que ha estado pensando. Por otro lado, si siempre estás plagado de pensamientos negativos, puedes experimentar la vida como sombría, miserable y espantosa. Puede que te encuentres retraído debido al miedo al mundo y a la gente en él, y puede que te falte la moral para tomar decisiones audaces y acabar fracasando incluso en las cosas en las que eres bueno.

De hecho, nuestros pensamientos son muy reflexivos de nuestras acciones y pueden tener una fuerte influencia en la forma en que nuestras vidas resultan ser. Así que, para mejorar la calidad de nuestras vidas, necesitamos primero cambiar la forma en que pensamos. Esto, sin embargo, es más fácil de decir que de hacer. Puede ser extremadamente difícil ser optimista y positivo cuando tratas constantemente con problemas de ira. Sin embargo, cambiar la forma en que pensamos es fundamental si esperamos deshacernos de nuestra ira crónica y comenzar a vivir felizmente una vez más.

Si te preguntas cómo puedes revertir tus pensamientos negativos y comenzar a pensar positivamente de nuevo, aquí tienes algunos consejos que pueden ayudarte a superar el pensamiento negativo.

Crear Afirmaciones Positivas.

La mayoría de nosotros tendemos a hacer sólo afirmaciones negativas como una forma de lidiar con nuestro miedo a la decepción. En cierto modo, esperamos que, al ser negativos en primer lugar, nos preparemos para escenarios en los que las cosas no funcionen a nuestro favor. Si esperamos fracasar, no nos molestará demasiado cuando lo hagamos, ¿verdad? En realidad, esta mentalidad sólo sirve para frenarnos ya que disminuye nuestra confianza en nosotros mismos y nos impide tomar decisiones audaces. La próxima vez que te sientas con ganas de ser negativo, intenta motivarte con alguna charla positiva sobre ti mismo.

Deje de lado la necesidad de ser demasiado autocrítico

Como humanos, tenemos la tendencia de ser demasiado hipercríticos con nosotros mismos. Esto se debe a que constantemente nos comparamos con los demás. Podemos sentir que los demás están más aventajados que nosotros por alguna razón superficial. Tal vez pensamos que son demasiado inteligentes, demasiado listos, demasiado ricos o demasiado talentosos. Esto, sin embargo, no siempre está arraigado en la realidad. En realidad, todos nosotros tenemos nuestras propias personalidades únicas con sus ventajas y desventajas. Por lo tanto, es muy contraproducente que se detenga en sus propias deficiencias. En todo caso, deberías usarlas como motivación para crecer y mejorar.

Aprecie sus propias fuerzas

No es raro que la mayoría de la gente dé por sentado las cosas que tiene. Muchas veces, nos quejamos de las cosas que no tenemos sin apreciar lo que tenemos. Por ejemplo, en lugar de quejarse del trabajo que no conseguiste, ¿por qué no te tomas el tiempo de apreciar el hecho de que estás lo suficientemente sano como para encontrar otro trabajo? Se sorprenderá de cómo esto cambia su perspectiva de la vida.

No te tomes demasiado en serio

Muchas veces, nos encontramos frustrados y ansiosos simplemente porque nos tomamos demasiado en serio. Nos obsesionamos con las cosas porque pensamos que la vida es una especie de competición que tenemos que ganar. Esto nos pone ansiosos ya que tenemos miedo al fracaso. Al darnos cuenta de que la vida es simplemente para vivir, podemos relajarnos y empezar a disfrutar en lugar de agobiarnos continuamente con preocupaciones y ansiedades. Como el gran filósofo Alan Watts dijo una vez, "El hombre sufre porque se toma demasiado en serio lo que los dioses hicieron para divertirse".

Esforzarse por vivir en el momento presente

Una de las razones por las que muchas personas luchan con problemas de ansiedad e ira es porque simplemente se preocupan demasiado por el pasado y el futuro. A menudo tendemos a pensar que sólo seremos felices algún día en el futuro, cuando todo se reúna finalmente de alguna manera ideal. La verdad es que, al hacerlo, sólo posponemos nuestra felicidad incluso cuando el reloj de nuestra mortalidad sigue corriendo. Es mucho más beneficioso y satisfactorio buscar la felicidad en el momento presente.

Cuida tu cuerpo

Un cuerpo sano es esencial para crear pensamientos felices. Si su cuerpo está en peligro, entonces es más probable que se familiarice con la conversación negativa y el diálogo mental sobre sí mismo. Por lo tanto, es esencial prestar atención a las necesidades de tu cuerpo si esperas mejorar la calidad de tus pensamientos. La mejor parte es que el cuidado de su cuerpo no es agotador.

Simplemente tienes que practicar una alimentación saludable, hacer ejercicios de fitness y asegurarte de que duermes lo suficiente. Recuerde también beber mucha agua y evitar las drogas y el alcohol. Cuando tu cuerpo se cuida y se mantiene adecuadamente, el pensamiento positivo sigue naturalmente.

Concéntrese en sí mismo

Es muy fácil para nosotros ver la negatividad y la maldad en otras personas y percibirnos como moralmente justos. Sin embargo, todos sabemos que nadie es perfecto, y que a todos les vendría bien mejorar. Así que, en lugar de obsesionarse constantemente con las deficiencias de otras personas, podrías dirigir la crítica hacia dentro y centrarte en mejorar aquellos aspectos de ti mismo que sientes que son deficientes.

Ten fe en ti mismo y en tus habilidades

Es fácil para nosotros perder la confianza en nosotros mismos cuando nos enfrentamos a los desafíos de la vida. Sin embargo, la falta de fe en nosotros mismos puede llevarnos a sentimientos de insuficiencia y victimismo, lo que nos hace sentir impotentes y resentidos. Es importante que cultivemos la confianza en nosotros mismos, incluso cuando nos sentimos abrumados por la vida, ya que esto nos proporcionará la resistencia necesaria para superar cualquier desafío que nos pueda acosar.

Piensa de forma diferente y más eficaz cuando te enfades

Es cierto que los sentimientos de ira y frustración pueden ser muy fuertes y nos abruman; es esencial mantener una mentalidad positiva cuando se les provoca. El pensamiento positivo puede ayudarnos a salir de la situación y evaluarla desde un punto de vista más objetivo. Como resultado, podemos estar mejor situados para tomar decisiones racionales y evitar que nuestras emociones se lleven la mejor parte de nosotros. Sin embargo, mantener una mentalidad positiva cuando se está irritado no es algo muy sencillo de hacer. La tentación de reaccionar exageradamente puede ser demasiado fuerte para resistir cuando nos sentimos seriamente agraviados por otros. No obstante, mantener una mentalidad positiva puede ayudarnos a manejar más apropiadamente nuestros sentimientos de frustración sin causar daño a nosotros mismos y a otras personas.

Aunque es posible que estés justificadamente enfadado con alguien por algo que haya hecho, debes tratar de mantener tu pensamiento despejado, ya que esto te ayudará a tomar mejores decisiones. A continuación, se ofrecen algunos consejos que pueden ayudarte a pensar de forma diferente y más eficaz cuando te enfades:

Identifique la causa de su enojo

Muchas veces, terminamos estallando en agresión cuando nos enfadamos simplemente porque no entendemos la verdadera causa de la ira. La frustración sin razón aparente típicamente lleva a más frustración, que puede fácilmente llevar a altercados explosivos cuando se rompe la gota que colma el vaso. Por lo tanto, para cambiar la forma de pensar sobre la ira, es necesario reducir la causa real tan pronto como se sienten los síntomas en el cuerpo. Esto no sólo evitará que reaccione de forma exagerada, sino que también evitará que emita juicios erróneos, como culpar a alguien injustamente.

Salga de la situación

Es muy difícil pensar con claridad cuando estás en medio de la situación, que desencadenó tu ira en primer lugar. Para poder resolver el problema, necesitas alejarte de la situación para que puedas reunir tus pensamientos y ganar claridad. Puede que quieras dar un paseo o entrar en tu habitación durante unos minutos. Alternativamente, lee tu libro favorito o lleva a tu mascota a dar un paseo hasta que te sientas calmado. Una vez que la tensión se disipe, estarás pensando con mucha más claridad y así serás más capaz de lidiar con el problema.

Comprenda que está eligiendo su respuesta

A menudo, cuando la gente es provocada y reacciona de forma violenta y les causan problemas, les gusta alegar defensa diciendo que su ira les obligó a hacerlo. Sin embargo, aunque la ira puede hacerte sentir emociones muy fuertes, en última instancia, la elección de cómo responder recae firmemente en ti. Por lo tanto, antes de tomar cualquier decisión precipitada a causa de la ira, de la que más tarde podría terminar arrepintiéndose, necesita recordarse a sí mismo que es usted quien elige cómo responder. Al asumir la responsabilidad de su ira de esta manera, puede empezar a pensar de manera más eficaz y buscar soluciones sanas para hacer frente a su ira.

Recuerde que sus creencias no reflejan necesariamente la realidad

Es muy común que la gente transfiera la responsabilidad de su ira a otros en lugar de asumirla ellos mismos. Siempre que nos enojamos, tendemos a ver a los demás como tóxicos y a nosotros mismos como santos, lo cual sólo funciona contra nosotros al final. La verdad del asunto, sin embargo, es que nosotros mismos podemos ser muy tóxicos para nosotros mismos y para otras personas. Podemos estar dispuestos a enojarnos imponiendo nuestra visión del mundo y nuestros valores a los demás o esperando que cumplan nuestras expectativas poco realistas. Por lo tanto, es importante recordarse a sí mismo que sus creencias sobre qué o quién le hizo enfadar puede que no estén basadas en la realidad. Someterse a esta crítica cuando se enfada puede ayudarle a obtener una perspectiva realista de su ira.

Responder en lugar de reaccionar

Puede ser muy difícil mantener una conducta fría y entablar un discurso maduro cuando se enciende la rabia. La mayoría de las veces, cuando nos involucramos en una discusión cuando estamos enojados, buscamos validación para nuestros propios sentimientos heridos. Por lo tanto, podemos estar más inclinados a interrumpir a la otra persona, gritarle o descartar completamente todo lo que diga. Sin embargo, esto no es de ninguna manera útil cuando se trata de lidiar con la ira. Para pensar más clara y efectivamente sobre nuestra ira, necesitamos escuchar a la otra persona intensamente y responder con tacto con frases claras y concisas. Esto puede ayudarnos a empezar a pensar de manera efectiva cuando se trata de nuestros sentimientos de frustración.

Solucionar los problemas sin la ira

A lo largo de este libro, hemos reiterado la primacía de la ira como emoción humana, así como el papel que juega en nuestras vidas. Descubrimos que la ira puede ayudarnos a enfrentar los problemas de injusticia que amenazan el tejido mismo de nuestra sociedad. Entonces, querido, probablemente estés de acuerdo en que la ira tiene un papel especial en nuestras vidas.

Sin embargo, la ira incontrolada puede ser perjudicial para el logro de nuestros objetivos y metas. Ya sea en nuestras relaciones personales o con nuestros seres queridos o en nuestras carreras profesionales, la ira incontrolada puede obstaculizar el progreso y el éxito. Por esta razón, es esencial que encontremos una forma de resolver los problemas que nos hacen enojar sin dejar que nuestros sentimientos nos controlen.

Mientras que la ira puede motivarnos a abordar los problemas a los que nos enfrentamos y mejorar nuestras situaciones, la ira crónica no tiene otro propósito que drenar la energía útil, que podría canalizarse hacia actividades más productivas. Por lo tanto, es importante que nuestra ira se maneje de manera saludable y se exprese en esfuerzos creativos. En lugar de utilizar la ira para autodestruirse y destrozarse a sí mismos y a los demás, deberíamos esforzarnos por utilizarla en beneficio propio y de los demás.

Relajación y respiración para combatir la ira, la ansiedad y el estrés

Una de las formas más efectivas de combatir los sentimientos de frustración, ansiedad y estrés es realizar ejercicios de respiración. Varios estudios confirman que los ejercicios de respiración profunda y de relajación han demostrado tener poderosas propiedades de alivio del estrés. Y la belleza de todo esto es que usted puede aliviar su estrés y sus ansiedades de una manera económica a través de ejercicios de relajación y de respiración. En lugar de pagar cientos de dólares a un especialista en acupuntura, ¿por qué no tomarse un tiempo para simplemente realizar ejercicios de respiración profunda? Probablemente tendrá que agradecerse a sí mismo más tarde.

Si bien los ejercicios de respiración y relajación son formas sencillas y muy eficaces de hacer frente a la ira, hay que tener en cuenta que no todos los ejercicios funcionan de la misma manera para diferentes individuos. Nuestros cuerpos responden de manera diferente a las diferentes condiciones, y, por lo tanto, lo que funciona para usted puede no funcionar para la siguiente persona. Es, por lo tanto, muy importante que usted se encargue de experimentar con las diferentes técnicas disponibles con el fin de encontrar las más adecuadas para usted. Con la práctica regular y la dedicación, con el tiempo se volverá muy competente en la realización de los diferentes ejercicios de respiración.

Estos son algunos de los ejercicios de respiración que puede emplear en su estrategia para ayudarle a combatir la ira, la ansiedad y el estrés.

Respiración profunda

La respiración profunda es una técnica de relajación simple pero poderosa que puede ser muy efectiva para ayudarle a manejar la ira, el estrés y la ansiedad. Esta técnica típicamente involucra respiraciones completas y puede ser realizada convenientemente dondequiera que estés. Algunas personas prefieren combinar las técnicas de respiración profunda con otras técnicas de reducción del estrés como los estiramientos y las velas aromáticas.

A continuación, se presenta una guía paso a paso sobre cómo realizar eficazmente los ejercicios de respiración profunda:

- Seleccione un lugar cómodo para realizar los ejercicios de respiración profunda
- Tu postura importa, así que siéntate derecho en una superficie cómoda, por ejemplo, tu cama, el sofá o el suelo. Asegúrate de que tu columna vertebral esté recta y no encorvada o doblada
- Ponga ligeramente una mano en su pecho y la otra en su estómago.
- Inspira por la nariz mientras prestas atención a ambas manos. Si lo haces correctamente, la mano que está sobre tu estómago debe levantarse un poco mientras que la que está sobre tu pecho debe estar relativamente quieta.
- Exhala por la boca e intenta expulsar todo el aire del diafragma lentamente. La mano que está apoyada en tu estómago debería sumergirse un poco mientras la que está en tu pecho se levanta.
- Repita la respiración mientras lleva la cuenta de sus inhalaciones y exhalaciones.

La respiración profunda puede tener propiedades de alivio del estrés muy notables cuando se realiza de forma consistente y adecuada. Esto se debe a que este ejercicio estimula una respuesta de relajación en el cuerpo, reduce el ritmo cardíaco y la presión sanguínea. También aumenta la producción de hormonas de bienestar, que pueden elevar significativamente su estado de ánimo cuando se siente estresado.

Técnica de relajación muscular progresiva

Una técnica de relajación muscular progresiva es un ejercicio de relajación que consiste en tensar y relajar sistemáticamente diferentes grupos musculares del cuerpo de forma simultánea. Cuando se realiza correctamente, esta técnica de relajación puede deshacerse completamente de la tensión muscular en el cuerpo, reducir las hormonas del estrés y proporcionar un alivio de la ansiedad. Si tiene algún problema de rigidez muscular o sufre de problemas de espalda, debe consultar a su médico antes de realizar este ejercicio. A continuación, se ofrece una breve guía sobre cómo realizar correctamente los ejercicios de relajación muscular progresiva.

- Use ropa cómoda o afloje cualquier ropa apretada que pueda estar usando.
- Tómese un tiempo para realizar algunas respiraciones profundas.
- Desplace su atención hacia su pie izquierdo. Tense los músculos del pie durante unos 10 segundos
- Relaja tu pie y presta mucha atención a la sensación de liberar la tensión en tu pie.
- Haga una pausa y respire un poco más.
- Cambie su enfoque a su otro pie y repita lo que hizo con el primero.
- Mueve tu cuerpo mientras estás alternativamente tenso y libera los otros grupos musculares, incluyendo muslos, nalgas, estómago, pecho, cuello y hombros.

Visualización

La visualización es un tipo de técnica de relajación que consiste en imaginar un objeto, una escena o un lugar, que le hace sentir tranquilo y así permite que su mente y su cuerpo dejen de lado la ansiedad y la tensión. Hay muchas aplicaciones que puedes usar para ayudarte en tu práctica de visualización. También puedes usar ayudas de audio, como música relajante, para ayudarte a generar imágenes en tu mente.

A continuación, se presenta una guía sobre cómo utilizar las imágenes o la visualización guiada para aliviar el estrés, la ansiedad y la ira:

- cierra suavemente los ojos e imagina el lugar donde te sientes más tranquilo y en casa
- trata de llenar la imagen con tantos detalles como sea posible, incluyendo los olores y sonidos de tu espacio seguro
- permite que las preocupaciones y el parloteo mental en tu mente se desvanezcan en el fondo mientras disfrutas de las vistas y sonidos de tu espacio seguro
- cuando estés listo, abre los ojos y vuelve al momento presente

Capítulo 10. Cómo manejar la ira y sentirse menos frustrado

Técnicas de control de la ira - Medidas eficaces

Debido a que la ira es la emoción más peligrosa, el uso de técnicas de manejo de la ira es importante.

Desde que han evolucionado, las emociones son al menos a veces valiosas cuando se trata de la supervivencia y la reproducción. Una de sus funciones importantes cuando se enfrentan a un dilema es reducir nuestra atención, lo que minimiza las distracciones. El precio que pagamos por esto es filtrar la información que es inconsistente con la emoción que experimentamos, y esa información puede ser importante.

El término "ira" se refiere en realidad a un grupo con interacciones compartidas. No sólo varían en intensidad (desde una molestia muy leve hasta la ira), sino también en otros aspectos. Un objetivo puede ser mirar hacia adentro o hacia afuera. Podemos ser agresivos (venganza) o pasivos (enfurruñamiento). Por lo general, tienen una ventaja moral o santurrona a menos que se apunten a sí mismos.

Al inspirar un comportamiento, la indignación puede ser beneficiosa. Por ejemplo, puede tratar de corregir un error con el fin de remediar una injusticia. Aunque la acción se vuelve agresiva, puede causar un cambio beneficioso.

La ira aumenta la presión sanguínea y el ritmo cardíaco. Activa la reacción reconocible de " luchar o huir", y esa respuesta impulsará sus acciones para salvar vidas.

La ira también puede protegernos contra ciertos sentimientos, como el dolor y el terror. Sí, mientras que muchas personas encuentran la hostilidad dañina, algunas personas agresivas realmente disfrutan de estar enojadas.

Sin embargo, es necesario aprender estrategias activas de manejo de la ira. Realmente no se siente bien estar enojado. Normalmente se siente tensión, presión y calor. Hay una propensión a morder con firmeza, mover la cabeza hacia abajo, y presionar para que el dolor o el daño se dirija hacia la meta.

Peor aún, estar enojado puede causar más sufrimiento del que puede disminuir. Esta es la razón principal por la que es necesario manejar las tácticas de ira.

Por ejemplo, toda la agresión dirigida al objetivo puede estar mal orientada. Para esa persona u oficial, puede no haber responsabilidad. Además, puede no ser instrumental y puede ser desproporcionada, aunque un acto de violencia sea normal o socialmente aceptado.

Aunque a veces se enfadan, los sabios rara vez se enfadan; más bien ejercen la indulgencia.

Si estás enojado y no quieres estarlo, ¿qué debes hacer? Estas son las mejores y más efectivas técnicas de manejo de la ira:

1. Acepta la responsabilidad de tu situación.

Las estrategias exitosas de manejo de la ira comienzan con su mentalidad. En EMOCIONES REVELADAS, Paul Ekman afirma que hay 9 tipos diferentes de fuentes de emoción. Todos tenemos ciertos estímulos, pero sabemos que son únicos para la cultura y la persona. Las interacciones repetidas construyen comportamientos que él denomina "procesos de evaluación externa", que tienen un significado adaptativo. Por ejemplo, cuando su bienestar está en juego, le permiten responder rápidamente sin tener que pensar en qué hacer. A una edad muy temprana, aprendiste que si te frustraba alguien que interfería con lo que realmente querías hacer, a veces podías conseguir lo que querías moviéndote, amenazando o incluso atacando a la persona que interfería contigo. Solías molestarte con los demás e internalizar la experiencia al final.

Tu historial genético ha hecho posible este tipo de entrenamiento emocional. Claramente, puede ser resistente cuando se trata de supervivencia o reproducción.

Pero, ¡todo se trata de ti! Se trata de conseguir lo que quieres. Es totalmente egocéntrico. Depende de lo que es valioso para alguien más.

La separación es la causa del sufrimiento. A pesar de tener valor de supervivencia, esto causa dolor de aislamiento psicológico.

No hay almuerzo gratis; el precio que pagamos es el aumento del sufrimiento porque somos criaturas emocionales. Por eso necesitamos saber cómo manejar eficazmente la frustración.

Observen el marco de la interacción que acabo de mencionar. Perseguiste algún objetivo u otro, cuando alguien frustró esa persecución. Te sentías algo así como, "Nadie me impidió hacer lo que quería hacer". Poco después de esa decisión, se hizo una evaluación egocéntrica: "Esto es terrible para mí", culminando en una serie de emociones o pensamientos. Ese estado de ira motivó tu comportamiento exitoso ya que eliminó la interferencia, en este caso, imaginemos.

Recuerde que no habría habido frustración sin el juicio egocéntrico de que "Esto es terrible para mí". Esa es la valoración que es necesario poseer. Nadie más generó la ira: usted lo hizo. El universo no estaba preocupado por ti. Todo sucedió, y tú respondiste poniéndote furioso.

2.   Identifica el núcleo de la emoción de tu situación.

Las técnicas para manejar la ira son soluciones. Los problemas deben ser resueltos. ¿Qué es exactamente lo que estás intentando para resolver el problema?

Es una emoción que se disuelve. ¿Cuál es la emoción? Identifíquela claramente. ¿Estás realmente enfadado?

Esto puede ser difícil de hacer. En un espléndido aislamiento, las emociones raramente ocurren. Dos emociones a menudo se juntan. Por ejemplo, la ira a menudo precede y sigue al miedo. En una rápida secuencia, dos emociones pueden alternar e incluso mezclarse. Además, una emoción puede estimular otra como si se enfadara consigo mismo por, digamos, asustarse.

3. Identifique la causa de la ira.

Esto también puede ser difícil de hacer. Las técnicas para manejar la ira funcionan eliminando la causa de la misma. En un caso dado, puede que no esté inmediatamente claro qué causa la ira.

Como el ejemplo de la ira puede haber sugerido, has aprendido que las respuestas emocionales pueden volverse involuntarias. Pueden ser tan automáticas o habituales que son difíciles de notar. Por eso, el siguiente paso es una de las técnicas más importantes de manejo de la ira.

4. Lleve un registro escrito de sus episodios de ira.

Cada vez que se enfade, escriba su juicio sobre la situación en un cuaderno. ¿Qué fue exactamente? ¿Fue preciso?

¿Cómo te sentiste después de tu evaluación negativa automática ? ¿Qué dices sobre ello ahora mismo?

Es necesario aumentar tu conciencia de lo que estás experimentando para dominar las técnicas efectivas de manejo de la ira.

5. Cuestione la evaluación.

De las técnicas de manejo de la ira, esta puede ser la única requerida para el éxito en cualquier caso dado.

Depende de que se admita este hecho: nadie sabe el futuro. Lo que sea que haya causado su ira tendrá consecuencias para el futuro. La clave aquí es darse cuenta de que los efectos futuros del evento que desencadenó su ira son (actualmente) desconocidos.

Por favor, también admita que estas consecuencias podrían ser mejores de lo que ahora imagina. Después de todo, ¿cuántas veces en el pasado ha sucedido algo que resultó tener muy buenas consecuencias, aunque en ese momento pensó que era malo?

De esta manera, cuestionar tu evaluación la debilita automáticamente. Si tu ira actual no es demasiado fuerte, esta realización por sí sola puede ser suficiente para dejarte ir. Si no, entonces proceda al siguiente paso.

6.   Ataca indirectamente tu ira.

Cualquier estrategia de manejo de la ira que dependa directamente de un ataque de ira no puede funcionar eficazmente. Sólo recordarte a ti mismo que cuando estás molesto no debes mostrar ira no ayudará. Sólo puede hacerte sentir culpable, causando otro problema. Nunca "deberías" tener tus emociones. En lugar de eso, son socavadas indirectamente.

Hay tres técnicas de manejo de la ira que funcionan efectivamente para hacer esto.

- La primera de estas tres técnicas de manejo de la ira es simplemente usar un simple ejercicio de respiración. Le aconsejo que practique dos veces al día, emocionalmente o no. ¡Para cada sesión puede ser tan corto como 90 segundos! ¡Lo creas o no, dejar ir una emoción problemática puede tomar 90 segundos hasta que se forme el hábito! Este es un simple hábito, que es increíblemente útil.

Si, por sí solo, sin embargo, su ira es lo suficientemente fuerte, no lo dejará ir.

- El segundo es caminar a paso ligero durante media hora hasta que estés físicamente cansado. Intenta hacer dos millas en poco menos de treinta minutos. Por supuesto, algunas personas pueden no ser capaces de caminar, mientras que otras pueden preferir sustituir el ejercicio físico por otro. El ejercicio físico regular es un hábito muy beneficioso, por una variedad de razones. En lugar de concentrarse en su ira, cuente sus pasos durante la misma para concentrar su atención en otra parte. Puede contar del 1 al 10 una y otra vez; si pierde la cuenta, empiece por el 1.

Puede dejar de hacerlo si su ira es leve o muy moderada. Sin embargo, si tu ira es intensa, no funcionará sola.

- La tercera forma es usar la meditación zazen (o alguna práctica espiritual similar). Esto requiere aprendizaje (tanto si estás enfadado como si no) y práctica diaria.

Tres grandes ventajas que tiene la meditación zazen sobre cualquier otro tipo de práctica espiritual es que es la más simple, es la más fácil de aprender, y requiere que no creas nada más que el que puede funcionar. (En otras palabras, no tienes que creer en un credo completo para usarlo.) Si dominas la meditación zazen lo suficiente, funcionará para cualquier emoción- y funcionará rápidamente, en horas o días como máximo. (Puede que tengas que "sentarte" más de una vez si el enojo es realmente intenso.) Ese es el medio emocional. Se encuentra entre los dos extremos contrarios que se ignoran y el desahogo. Implica reconocer la realidad de una pasión que es sabia porque evita tratar de ignorar algo que es una parte importante de tu vida, e implica no actuar como motivación con esa pasión que es sabia porque evita que la pasión se perpetúe y posiblemente se fortalezca. (Cualquier comportamiento que reduzca el sufrimiento motivado por la ira puede ser efectivo si está motivado por un pensamiento claro). Si el primer o segundo ejercicio esta vez no funciona para tu ira y todavía tienes que ir muy lejos con la meditación zazen, procede al siguiente paso.

7. Busca el consejo de un sabio.

Desafortunadamente, esta puede ser la más difícil de hacer de las técnicas de manejo de la ira listadas aquí, ya que los sabios son pocos y distantes entre sí.

Aunque es bastante popular y ayuda a algunas personas hasta cierto punto, a mi juicio, la psicoterapia tiene un valor limitado. Puedes probar la terapia conductual neuronal-lingüística o la programación para ayudarte a dejar ir tu ira.

Alternativamente, puede que conozcas a una persona sabia que quiera hacerse amiga tuya. Puede que haya un líder espiritual que esté dispuesto a ayudarte (como un maestro Zen cualificado).

El truco es entender que la ira que está consumiendo tu vida tiene que ser dejada ir. Por favor, evita pensar que hay una cura rápida y mágica que funcionará en algún lugar "ahí fuera". No existe tal cosa.

Sin embargo, antes de que te desesperes, te recuerdo el primer paso: ya que has creado tu propio sufrimiento, tienes el potencial para terminarlo. Además, una vez que te enseñas a ti mismo cómo terminarlo, tienes la oportunidad de hacer un hábito de la práctica que te ha funcionado, de interiorizar lo que has aprendido para que se convierta en automático. Si lo conviertes en una rutina, desde una perspectiva emocional, el resto de tu vida será más fuerte de lo que ha sido tu vida hasta ahora.

La ira no puede decirte cómo manejar una situación. De ahí vienen los tipos de ira. Tu tipo de ira es la forma usual y predecible de lidiar con situaciones en las que puedes estar enojado. El problema de quienes evitan la ira es que a menudo no tienen en cuenta los signos de que algo va mal, dejan de actuar con asertividad y a menudo sienten que los demás andan por ahí.

Los furiosos furtivos no dejan que otras personas sepan que están enojados. A menudo, ni siquiera saben que están enfadados. Pero su ira se manifiesta de manera furtiva, como al olvidarse de hacer las cosas que se han comprometido a hacer. Cuando la ira se resiente de alguna exigencia de otro, evitan cumplir con las exigencias del otro, y esto puede llevar a relaciones frustrantes con los que están a su alrededor.

La ira se vuelve hacia adentro. Algunas personas sienten que es más seguro enojarse con ellas mismas que con los demás. Así que, cuando algo sale mal, se culpan a sí mismos, incluso si la otra persona tiene la culpa. Aunque es necesario preguntarse cómo pudimos haber llegado a una circunstancia que salió mal, demasiada frustración interior puede llevar a sentimientos de desesperación y desesperanza

Capítulo 11. Conciencia plena, usa las técnicas de conciencia plena cuando estés enojado

El estado de alerta es para pensar a propósito en un suceso a medida que se desarrolla. Esto sucede mientras observamos, pero sin imponer ninguno de nuestros comentarios y sin tener una idea vaga de cómo debería resultar.

Es una forma saludable que nos permite responder a lo que estamos experimentando. Además, somos capaces de conquistar las tendencias de nuestra mente que no están previstas y, por lo tanto, nos protege de sentir que no conseguimos lo que queríamos.

La práctica de la meditación es una técnica fundamental para el desarrollo de la atención. La meditación tiene sus propios efectos mentales y físicos que permiten que nuestra capacidad de ser naturalmente conscientes de la eternidad en nosotros. También es una transparencia de nuestra persona para enfrentar lo que es real sin ser parcial. Cuando la atención y la meditación se enfrentan a través de este vano, entonces dejar ir las expectativas, ideas y opiniones anteriores que podemos haber formado sobre este tema. Esto sucede tanto en el área física como en la metafísica.

Con el tiempo, se construyen dos estándares morales de disciplina que son la empatía y la sabiduría. Cuando somos capaces de ver claramente la realidad fundamental de la naturaleza, entonces eso es sabiduría.

Podemos practicar el estar alerta. Cualquier individuo puede usar estas técnicas para desempeñar las áreas simples de la vida como hablar, sentir, respirar e incluso conducir.

La conciencia plena en la práctica

Si, como la mayoría de las personas, te enfadas y te molestas contigo mismo por sentirte perturbado, nervioso o con pánico y, en respuesta a tus frustraciones, intentas resistir estos sentimientos, pronto te darás cuenta de que sólo estás reforzando estas emociones negativas y haciéndolas peores de lo que ya son. Lo que debes hacer en lugar de resistirte a tus sentimientos es permitirte sentir lo que estás sintiendo. Aprender a aceptar esto ayudará mucho y eventualmente se asentará y pasará.

Aquí hay tres técnicas fundamentales y breves de consciencia plena que puedes aplicar para ayudarte a encontrar una liberación de la preocupación, la ansiedad y el ataque de pánico antes de que se intensifique.

Anclarse

Una de las mejores maneras de tranquilizarse es conectarse a tierra. Sí, conectarse a tierra. En otras palabras, "anclarse". Puedes lograrlo canalizando la totalidad de tus pensamientos y atención en la mitad inferior de tu cuerpo.

- Para empezar, enfoca tu atención en tus pies. Concéntrate en cómo se sienten dentro de tus calcetines o zapatos. Presta atención a la dureza del suelo contra ellos.

- Ahora que tienes un enfoque completo en tus pies, permite que ese enfoque se mueva desde la parte inferior de tus piernas y gradualmente a través de la parte superior de tus piernas. Saborea la sensación. ¿Cómo se siente? ¿Denso o como una pluma? ¿Tostado o frío? ¿Emocionado o paralizado?

- Para concluir el proceso, sienta que inhalas, exhalas y te relajas mientras continúas el proceso de respiración.

Este es un método extraordinario de anclarse a sí mismo. Es algo que puede practicar en cualquier momento, teniendo los ojos abiertos o cerrados, en posición sentada o incluso mientras se mueve. Es fácil: anclarse y luego respirar.

Contar la respiración

La mente está siempre ocupada, contando historias, traduciendo nuestra experiencia rellenando los fragmentos de información que faltan, y después, rumiando las historias que ha creado, tanto si son verdaderas como si son falsas.

Este método puede ser utilizado en conjunto con el anclado o utilizado solo.

- El primer paso es el anclado. Cuente hasta "6", mientras inhala profundamente la próxima vez que inhale.
- Luego cuenta hasta "10" mientras exhalas.

Esta estrategia tiene el impacto de prolongar tanto la inhalación como la exhalación, por lo que se reduce la velocidad de la respiración. Además, prolonga la salida de la respiración más que la entrada, lo que le lleva a descargar más dióxido de carbono, disminuyendo su pulso, calmándole y restableciendo el equilibrio emocional.

Asegúrese de ajustar los números a su respiración y no al revés. En caso de que el 6 y el 10 no funcionen para ti, descubre otra proporción que funcione, siempre que la salida de la respiración sea más larga que la entrada con un mínimo de dos cuentas.

En el caso de que no puedas contar porque sientes pánico, entonces al inspirar, di a ti mismo, " adentro" y al espirar, di " afuera" completamente, tratando de extender la expiración. Repite el proceso durante al menos un minuto, o puedes hacerlo por el tiempo que necesites. Este método puede ser usado de manera muy efectiva para evitar los brotes de pánico que se aproximan por la noche.

"Respiración de Dedos"

Esta es otra versión del "conteo de la respiración". Los siguientes son los procedimientos del objeto anterior:

- Ponga una de sus manos frente a usted con la palma hacia usted.

- Suba la parte exterior de su pulgar con el dedo índice de su mano extra mientras inspira. Rompa en el punto máximo de su pulgar y ahora deslícelo rápidamente en el otro lado mientras exhala. Eso es una sola respiración.

- Mantén un ojo en el lado del dedo siguiente mientras inhalas. Haz un receso en la parte superior y, más tarde, traza el lado restante de ese dedo mientras exhalas. Esas son ahora dos respiraciones.

- Continúa trazando a lo largo de cada dedo mientras cuentas cada respiración. Vuelva a subir el dedo anterior después de haber realizado el final del dedo y repita la práctica al revés.

Este ejercicio es extremadamente valioso cuando hay mucho que hacer a tu alrededor, y te resulta difícil cerrar los ojos y enfocarte en tu interior. Te da algo visual en lo que concentrarte, algo cinético para hacer con tus manos, y también te ayuda a concentrarte en el conteo y la respiración. Es un procedimiento muy simple para enseñar a los jóvenes y a los niños.

Garabatos

Garabatear es una herramienta increíble para activar tu yo creativo celestial. Cuando se combina con el poder del mándala, puede ayudarte a acceder a partes profundas de tu cerebro a través de estos pasos.

- Dibuja un punto en el centro de tu lienzo /papel. Este punto representa la semilla de una idea que quieres expandir y con la que quieres innovar. Todo lo creativo comenzó con una semilla básica. Es como el Big Bang.

- Luego, desarrollas tu idea y tu creatividad dibujando 4 líneas desde el punto, cada línea apuntando hacia el norte, sur, este y oeste, respectivamente.

- Continúa expandiendo tu idea dibujando las siguientes 4 líneas desde el punto, que se verán como líneas que se extienden al NE, SE, SW y NW.

- Dibuja un pétalo en cada línea. Los pétalos representan tu desarrollo personal y creativo.

- Dibuja un corazón en el centro de cada pétalo y un círculo alrededor de las líneas.

- Luego, de nuevo, dibuja un corazón entre cada dos pétalos

- Ahora dibuja un círculo alrededor de todo el centro. Esto habla de avanzar en la creatividad y el crecimiento dentro de los círculos que has hecho con las redes y conexiones que has enmarcado.

- Dibuja un punto que conecte cada línea con el círculo, y luego, sobre el círculo, dibuja 8 puntos. Esto representa la co-creación dentro de tus conexiones y redes y plantar semillas de crecimiento a lo largo del camino.

- Dibuja la imagen del pétalo de loto, uniendo cada punto.
- Dentro de cada pétalo de loto, haz un bosquejo de cualquier símbolo preferido (el símbolo debe ser similar). Haga un bosquejo de un símbolo que represente algo significativo para usted, como una flor, una nota musical o tal vez una pelota de fútbol, dentro de la flor de loto. Lo que garabatees no importa. Haz un garabato de cualquier cosa que te venga a la mente. ¡Ese es tu mándala!

No hay restricciones en cuanto al tamaño o a la cantidad de dibujos, así que puedes seguir expandiéndote e incluyendo detalles Ten en cuenta, sin embargo, que no será perfecto, ¡pero será encantador!

Colorear

Esto es similar a garabatear

- Manténgalo sin arte. Empieza con una página en blanco y un color.
- Empieza con una figura que encuentres libre de estrés para dibujar. Por ejemplo, un lazo. Recuerde mantenerlo simple.
- Dibuja forma tras forma, y cree en tu instinto. Tal vez haz un montón de rondas juntas.
- Si crees que debería haber líneas limitadas, avanza y hazlo. Haz esos contornos. Hazte el tonto.

- Date la aprobación para poner lo que quieras en la página. Puedes llenar la hoja hasta donde sea concebible, o detenerte cuando tengas un deseo de titubear. Simplemente sigue con ello hasta que te sientas hecho.
- Haga que su día se sienta revitalizado. El simple giro de un boceto en una página puede hacer milagros.

Lo más vibrante es acallar tus pensamientos. En el caso de que te descubras tenso y angustiado por no haberlo hecho correctamente, simplemente toma un profundo respiro y deja que esa autodespreciación se vaya. El objetivo es alcanzar un agradable estado Zen, donde sólo le das a tu mano la oportunidad de hacer guiones, y a tu cerebro la contemplación sin veredicto mientras no estás pensando realmente en nada en concreto.

Estas técnicas de atención no son nuevas. Han sido utilizadas por muchos psicólogos y consejeros durante años. El hecho de que todos podamos beneficiarnos de estas técnicas y el hecho de que sean efectivas para las experiencias cotidianas es un descubrimiento relativamente nuevo. Pruébenlas y note lo que sucede.

Capítulo 12. Canaliza tu ira de forma creativa

Cuando estás enfadado, expresas o reprimes tus sentimientos. La represión es una forma de negación de la realidad, porque implica derribar las poderosas emociones negativas fingiendo que no existen. Cuando reprimes cualquier cosa, ésta pasa por debajo y se convierte en un autócrata venenoso que acecha en las sombras, esperando un momento oportuno para liberarse.

La ira, cuando es reprimida, se vuelve explosiva e incontrolable. Se vuelve impredecible y una fuerza como ninguna otra. Muchas veces, los sentimientos internos de inquietud se convierten en un volcán de emociones reprimidas. Una vez que se libera la presión, la ira sale en forma de rabia y la persona vierte toda la bilis en otra persona sin ninguna forma de control. La autoexpresión de este tipo es bastante peligrosa porque causa el fin o la muerte de muchas relaciones importantes y puede ser perjudicial para el bienestar y la salud de las personas involucradas.

Aceptar y reconocer el hecho de que estás enfadado va mucho más allá de calmar la energía y el poder que hay detrás. Implica enfrentarse voluntariamente a su mente subconsciente y con compasión y empatía, encontrar su yo emocional en su expresión más oscura y eliminar el hilo de la ira. Aceptar la ira también significa que reconoces su intensidad y eres consciente de que es sólo un mensajero de un problema subyacente más grande. Lo que, es más, el simple acto de aceptación abre la puerta a la creatividad, la vitalidad y la sabiduría.

Una vez que te das a ti mismo el permiso y la oportunidad de expresar tu ira de forma magistral, desbloqueas tu poder interior. Tomas el control de la situación por ti mismo, cobras vida, y empiezas a expresarte de forma creativa y apasionada. En este caso, podemos definir la ira como un potencial oculto que fluye a través de ti, guiándote hacia la liberación de tu potencial y hacia el camino que deberías haber tomado todo el tiempo.

Steve Jobs definió la creatividad como la habilidad de crear conexiones. De acuerdo con él, una persona es creativa cuando puede hacer conexiones entre las experiencias que ha tenido para crear cosas nuevas. La razón por la que la persona será capaz de hacer esa conexión es que puede pensar en las experiencias y extraer más sustancia de ellas mejor que otras personas. En otras palabras, la creatividad nace de la conexión de sus experiencias con las circunstancias de su presente para generar nuevas ideas que se convertirán en las soluciones para el futuro.

Estar enojado te hace irracional e impredecible. Empiezas a imaginar escenarios y eventos que ni siquiera ocurrieron. Piensas en lo que sucedería si la situación se desarrollara de varias maneras. Comienzas a pensar en cómo reaccionarías y te comportarías en cada situación. Esto suena como un terreno potencialmente fértil para la creatividad de nacimiento. Tu mente y tus emociones van más allá de sus umbrales habituales, más allá de las cosas que consideramos posibles.

Esto es lo que hay que hacer para desbloquear tu creatividad cuando estás enfadado:

1. Identifica una actividad que pueda alejar tu mente y tu concentración de las cosas que te hacen enojar pero que te permita liberar esas emociones. El ejercicio es un buen ejemplo, pero tienes la libertad de elegir entre las cosas valiosas que distraen tu mente, siempre que impliquen movimiento físico. Puede ser un videojuego interactivo o un paseo enérgico por el parque. La escritura es también una actividad ideal.

2. Acepta y abraza las emociones negativas y úsalas para presionarte más. Haz esto durante los próximos 10-20 minutos. Durante este tiempo, evita cualquier pensamiento positivo, deja que la negatividad te lleve a golpear más fuerte, correr más o escribir mejor. Hagas lo que hagas, sigue adelante. Descubrirás que es más fácil "entrar en la zona" impulsado por las emociones negativas que por las positivas. Una vez que las endorfinas comiencen a correr por tu sistema, gradualmente comenzarás a pensar con más claridad y a sentirte mejor.

3. Ahora que la energía negativa se ha agotado, empieza a pensar en los cambios que quieres hacer en tu vida y las soluciones que buscarás. Durante este tiempo, tu creatividad comienza a elevarse aún más. Deja que tu cerebro haga este proceso por sí mismo, no te dejes atrapar forzando nada. Sin embargo, mientras haces la actividad física que has elegido, concéntrate en los impedimentos, las ambiciones que tienes, y los

obstáculos a los que te enfrentas. Piensa en estas cosas en relación con los nuevos límites personales que quieres implementar, un nuevo proyecto que quieres iniciar, cambios que quieres ver en un viaje que piensas hacer, una idea de negocio que quieres implementar, o un cambio de carrera que piensas hacer.

Ten cuidado de no estirarte tanto mentalmente mientras haces lo mismo físicamente. Sólo permite que las ideas fluyan libremente a medida que tu mente se aclara. Si todavía no llega nada, no te desesperes, no te estreses. Lo más importante para ti es que obtengas alguna experiencia conectando y sintetizando experiencias a lo largo del tiempo para que la próxima vez que algo te enoje; tengas las herramientas para trabajar a través de ello de manera creativa.

Las grandes personas de nuestra sociedad como Nelson Mandela, Martin Luther King, Gandhi, y otros como ellos simplemente aprovecharon su ira interior y utilizaron la energía que derivaron de ella para traer la transformación en sus rumbos. Dominaron la ira y la usaron como aliada para guiarlos hacia el desencadenamiento de una increíble creatividad que llevó a la gran movilización de la gente y a la lucha por dejar una increíble marca en la sociedad.

El hecho de que sepas que la ira es beneficiosa no significa que debas ir por ahí buscando razones para estar enojado. No significa que la ira sea útil en todas las situaciones y circunstancias. Hay situaciones en las que expresar tu ira disminuirá aún más el respeto que los demás te tienen en la sociedad. Lo primero que debes hacer al aprender sobre la ira es diferenciar entre la ira razonable y la irracional.

Toma nota de los eventos y circunstancias que puedes cambiar y los que no. Si estás caminando en el parque y un viento fuerte te vuela el sombrero y cae en el agua de una fuente, no hay nada que puedas hacer al respecto, lo que significa que no te servirá de nada expresar tus emociones negativas. Sin embargo, si alguien viene y te quita el sombrero, tú tienes el control de la situación: puedes pedir que te devuelvan el sombrero o perseguir a la persona si puedes.

Hagas lo que hagas, asegúrate de que tu expresión de ira sea justificable.

Capítulo 13. Domine sus emociones para manejar la ira de manera efectiva

Generalmente, la gente considera que el manejo de la ira se trata de la supresión de la ira o la represión. Pero no se trata de eso en absoluto. No es una elección saludable no expresar nunca tu ira. De hecho, la ira es una emoción saludable que siempre debes expresar cuando sea necesario o justificado. No importa cuánto intentes reprimir la ira, siempre mostrarás las señales. Y, la ira sólo se vuelve volátil cuando la has retenido por mucho tiempo.

El objetivo del control de la ira es ayudarle a entender de dónde viene su ira y la emoción subyacente detrás de ella para que pueda encontrar formas de expresarla sin perder la calma. Cuando conoce el lugar de donde viene su ira, no sólo le resulta más fácil expresarla de forma saludable, sino que también le fortalece para que pueda gestionar mejor su vida y sus relaciones.

Dominar sus emociones para lograr el manejo de la ira requiere mucha paciencia, diligencia y práctica, lo que significa que usted debe estar dispuesto y listo para hacer el trabajo duro. Una vez que alcances tus metas de manejo de la ira, los resultados pueden ser bastante gratificantes y satisfactorios. Con el control de la ira, puede construir y desarrollar mejores relaciones, mejorar su salud mental y física, perseguir sus sueños, lograr sus metas y, en última instancia, mejorar la calidad de vida que lleva.

El primer paso en el manejo de la ira es identificar la causa o el desencadenante de su ira. ¿Qué te hace enojar? ¿Es su ira una emoción independiente o es un sustituto de otra emoción? ¿O, tal vez es incluso una emoción secundaria que proviene de otra emoción relacionada? Pregúntese a sí mismo: "¿Por qué estoy realmente enfadado?" Mira en lo profundo de ti mismo y de tu situación para identificar la verdadera fuente de tu ira. Si alguna vez te has metido en una gran pelea por algo realmente pequeño, debe haberte dejado sintiéndote muy tonto y debes haberte preguntado qué es lo que te pasa en un momento dado. Así que tómate un tiempo para buscar dentro de ti mismo y trata de identificar esa causa. ¿Es algún otro sentimiento como la vergüenza, el miedo o la inseguridad? ¿Estás tan enojado por algún trauma de la infancia o fuiste sometido de niño? ¿Tal vez su ira es incluso un comportamiento aprendido? En algunos casos, su enojo también puede deberse a situaciones fuera de su control o a ciertas personas en su vida. Sin embargo, esto no significa que deba culpar a otras personas de su enojo. Tiene que ver más con el aprendizaje de la fuente o el desencadenante exacto para que pueda trabajar en ello, ya sea una persona, una experiencia pasada o una situación actual. Una vez que usted aprende la fuente de su ira, se hace muy fácil pasar al siguiente paso del manejo de la ira, que es reconocer sus señales de advertencia de ira.

¿Cómo se puede saber cuándo se está a punto de experimentar un arrebato de ira repentino? Se hace consciente de los signos anteriores antes de perder el control y enfadarse. Muchas personas sienten que la ira es una emoción inmediata, como que puedes explotar en cólera sin previo aviso, pero no funciona así. Antes de un estallido de ira violenta, tu cuerpo te da algunas señales físicas de advertencia que debes empezar a buscar. Tomar conciencia de sí mismo y reconocer las diferentes señales que tu cuerpo da antes de una explosión de ira es crucial para el manejo de la ira porque entonces, puedes aprender a domar tu ira antes de que se salga de tu control.

Algunos de los signos reveladores que puedes tener justo antes de un episodio de ira son;

- Respiraciones más rápidas
- Nudos en el estómago
- Una sensación de rubor
- La mandíbula o los puños apretados
- Corazón palpitante
- Músculos y hombros tensos
- Falta de concentración
- Un desapego de la lógica y la comprensión

Una vez que reconozcas las señales de ira, el siguiente paso a tomar es determinar si la ira de la novia es un amigo o tu enemigo. Hay enojos que necesitas expresar y aquellos que necesitas domesticar y poner bajo control. Siempre debes expresar cualquier enojo que parezca ser de un amigo y mantener el que parezca ser de un enemigo bajo control. Antes de que tomes medidas para calmarte después de reconocer algunos signos de una ira inminente, determina qué tipo de ira estás a punto de expresar. Por ejemplo, si acabas de presenciar una agresión a alguien, inmediatamente sientes una sensación de injusticia y tu cerebro te confirma que se trata de una situación insana que no debería estar sucediendo. Con la sensación de injusticia vienen los sentimientos de ira que pueden ser útiles en la situación. Así que, en esto llegó, no tratas de calmarte o cambiar tu estado emocional, lo que haces es usar tu ira como un factor motivador para hacer algo para cambiar la situación. La ira a veces nos da un coraje muy necesario para soportar un cambio o iniciarlo. Sin embargo, si sientes que la ira que se avecina es una que te hace sentir una excesiva angustia e incomodidad o te hace querer arremeter contra algo o alguien, entonces sabes que es un enemigo y tienes que evitar que tome el control o te consuma. En este caso, trabajas en la emoción que desencadena la ira para calmarte.

Use técnicas efectivas de manejo de la ira para calmarse inmediatamente si siente un arrebato de ira pendiente. Una vez que sea consciente de las señales de advertencia de la ira, puede empezar a utilizar algunas estrategias de control de la ira para calmarse antes de la tormenta. Es más fácil domar su temperamento cuando ya está familiarizado con los desencadenantes y las señales de la ira. Hay diferentes técnicas que puede probar para ayudarle a mantener la calma y a controlar la ira.

Aquí hay algunas estrategias que puedes emplear para controlar tu ira:

- Concéntrese en las sensaciones físicas que su cuerpo proporciona cuando la ira comienza a rebosar. Aunque esto puede parecer una técnica contraria a la intuición, en realidad puede ser bastante útil. Concéntrese en sus sensaciones físicas sintonizando con los mismos sentimientos que su cuerpo da cuando comienza a enojarse; esto puede reducir la intensidad de la ira que siente y alterar una posible reacción instintiva o impulsiva

- Respire profundamente, lentamente. Un ejercicio de respiración lenta muy profunda puede ser útil para contrarrestar la tensión en el cuerpo. La idea detrás de un ejercicio de respiración para liberar la tensión es respirar profundamente desde el estómago, asegurándose de que se introduce la mayor cantidad de aire posible en los pulmones.

- Haga una caminata rápida o cualquier otra actividad física. Cuando se enfrente a una situación que desencadene la ira, dar una caminata rápida puede ayudarle a evitar expresar la ira de manera equivocada. Las actividades y los ejercicios físicos ayudan a liberar la energía acumulada que, de otro modo, podría utilizarse para arremeter contra una persona u objeto cercano de forma poco saludable. Esto puede ayudar a calmarte para que puedas abordar la situación con una versión más fresca de ti mismo. Por ejemplo, si discute con su cónyuge y siente que su ira se está refrenando, simplemente sintonice con sus emociones y salga de la situación para calmarse. Por supuesto, esto puede ser un desafío, pero con la resistencia y la práctica regular, usted mejorará al dar ese tan necesario paseo lejos de la autodestrucción.

- Sintoniza tus cinco sentidos para un rápido alivio del estrés para liberar la tensión y los nudos en tus músculos. Tus sentidos de la vista, el oído, el olfato, el gusto y el tacto pueden utilizarse para activar el alivio inmediato del estrés y así poder calmar tu mente y tu cuerpo. Puede sintonizar sus sentidos estirando las áreas de tensión, acariciando una mascota o algo querido, escuchando su música favorita o saboreando una gran taza de café.

También puedes controlar mejor tu ira ideando o encontrando salidas más saludables para liberar la ira reprimida. Idear medios más saludables para expresar los sentimientos de ira es la clave para dominar con éxito tu ira porque, como hemos dicho, no estás hecho para contenerla. Si piensas que una situación es realmente injusta o equivocada, lo único que puedes hacer para cambiarla es encontrar formas más sanas y no destructivas de expresar los sentimientos de ira inducidos. Mientras tengas medios más saludables para expresar tu ira, también ten en cuenta que debes saber cuándo dejarla ir. Si no puede llegar a un acuerdo sobre un conflicto incluso después de expresar su ira, asegúrese de saber cuándo debe trazar la línea y pasar de la situación o persona que es la fuente de la ira.

Comunica tus sentimientos a una persona de confianza. Hablar con alguien en quien realmente confías es una gran manera de aliviar el estrés y dejar salir los sentimientos en los que puedes haberte embotellado. Esta persona no necesita tener respuestas a sus preguntas o soluciones a su problema; simplemente hablar con ella puede proporcionarle un alivio instantáneo del estrés y la ira. La comunicación en este contexto no significa desahogarse o arremeter verbalmente; se trata más bien de hablar de sus sentimientos y de buscar una perspectiva fresca y totalmente nueva para cualquier situación que se presente. El desahogo sólo reforzará tu ira, no la disminuirá.

El último curso de acción en el manejo de la ira es buscar ayuda profesional, especialmente cuando sabes que tu ira no es algo que puedas trabajar por ti mismo. Hay momentos en los que las estrategias y técnicas de manejo de la ira simplemente no son suficientes. En este caso, puede asistir a una clase de manejo de la ira donde puede conocer a personas con problemas de ira similares y aprender consejos para manejar/controlar su ira de un profesional capacitado en el manejo de la ira. También puede asistir a una terapia individual o de grupo para explorar el origen de su ira e identificar los posibles desencadenantes. La terapia es un lugar muy seguro para expresar todas las emociones que tienes embotelladas dentro de ti. También es un gran lugar para descubrir nuevas salidas saludables para expresar los sentimientos de ira.

Antes de expresar tu ira en cualquier situación, asegúrate de que ya se ha logrado una conducta tranquila, y que estás en posición de abordar el problema desde un ángulo sensato.

Capítulo 14. Habilidades de manejo de la ira que necesita aprender

Habilidades de manejo de la ira

La ira es un poderoso motivador que a menudo desencadena la respuesta de lucha o huida del cuerpo. La voz de una persona puede hacerse más fuerte, sus puños y mandíbula se aprietan, la respiración y el ritmo cardíaco aumentan, y su cara puede sonrojarse. Esencialmente, su cuerpo se está preparando para entrar en acción. La acción específica que seguirá, sin embargo, es la gran pregunta. Tan poderosa como es, la ira es sólo un sentimiento, y lo que realmente cuenta es cómo la gente la trata.

Hay diferentes maneras de lidiar con la ira, algunas saludables y otras no. Cuando se trata de controlar la ira, ignorar los sentimientos de ira no es saludable. De hecho, a menudo conduce a sentimientos de resentimiento, amargura o incluso odio. En última instancia, la ira oculta o reprimida puede ser perjudicial para el individuo que la experimenta y para los demás.

Esto no significa que sea mejor actuar con ira. En todo caso, conduce a más problemas en lugar de resolver los problemas existentes. En el peor de los casos, actuar con ira puede llevar a situaciones peligrosas. Como mínimo, puede crear mucha vergüenza. En casos extremos, puede llevar a la violencia física que puede dañar seriamente la vida de las personas. La ira incontrolada puede causar problemas en el hogar, en el trabajo, en la escuela, en las relaciones personales y en la calidad general de la vida de un individuo.

El objetivo del control de la ira es minimizar la excitación psicológica y las emociones causadas por la ira. Es imposible que una persona evite o se deshaga de las personas o las cosas que le provocan ira, y tampoco puede cambiarlas; sin embargo, puede aprender a controlar sus reacciones. Existen ciertas pruebas psicológicas que se utilizan para medir la fuerza o la intensidad del sentimiento de ira, la propensión a la ira de una persona y la eficacia con que puede manejarla.

Sin embargo, es muy probable que, si una persona tiene problemas para controlar la ira, sea consciente de ello. Las personas que tienden a comportarse de manera que parecen atemorizantes o fuera de control a menudo necesitan ayuda para encontrar formas sanas de manejar sus emociones. La mayoría de los psicólogos que se especializan en el control de la ira creen que algunos individuos son más propensos a la ira que otros. Son más impulsivos y se enfadan con mayor intensidad y facilidad que la persona promedio.

También hay ciertos tipos de individuos que no muestran ira de manera espectacular, sino que están perpetuamente malhumorados e irritables. Las personas que se enojan fácilmente no siempre tiran cosas, gritan y maldicen. A veces, se enfurruñan, se retraen en sí mismos, o se enferman físicamente. Los individuos que se enojan fácilmente tienen una baja tolerancia a la frustración, según los psicólogos, lo que significa que creen que no deberían tener que enfrentarse a la irritación, las molestias o la frustración. Les resulta difícil tomar las situaciones con calma y se sienten extremadamente frustrados cuando las situaciones parecen algo injustas.

La mayoría de las personas creen que la ira es una cualidad negativa porque aprenden que está bien expresar cualquier otra emoción aparte de la ira. En consecuencia, no aprenden a manejarla ni a canalizarla hacia un resultado más positivo y constructivo. Los antecedentes familiares también juegan un papel importante en el manejo de la ira. Por lo general, las personas que se enojan rápidamente provienen de familias que no son hábiles en la expresión de emociones, así como de familias caóticas y perturbadoras.

Nunca es saludable o útil dejar que todo pase. En realidad, algunos individuos pueden usar esto como una excusa para lastimar a otros. Actuar con ira suele intensificar la agresión y el enojo y no ayuda a la persona que está enojada o con la que él o ella está enojada a lidiar con el problema. Es mejor encontrar formas de manejar la ira identificando lo que la desencadenó en primer lugar y luego idear estrategias para evitar que esos desencadenantes la lleven al límite.

El control de la ira implica una amplia gama de estrategias y habilidades que pueden ayudar a identificar los signos y síntomas de la ira y a manejar los desencadenantes de una manera sana y constructiva. Este proceso requiere que las personas reconozcan la ira en una etapa temprana y comuniquen sus sentimientos y necesidades mientras mantienen el control y la calma. No implica evitar los sentimientos asociados o contener los sentimientos de ira.

El manejo de la ira es una habilidad adquirida, lo que significa que cualquiera puede dominar esta habilidad crítica con tiempo, dedicación y paciencia, y la recompensa es grande. Aprender a manejar y controlar la ira y a expresarla de forma adecuada y saludable puede ayudar a las personas a alcanzar sus objetivos, construir relaciones más sólidas y llevar una vida más satisfactoria y feliz.

Cuando la ira influye negativamente en una relación o conduce a un comportamiento peligroso, un individuo puede beneficiarse de ayuda profesional, como unirse a una clase de manejo de la ira o ver a un profesional de la salud mental. Sin embargo, hay intervenciones tempranas que la gente puede intentar. De hecho, muchas personas descubren que pueden tratar eficazmente sus problemas de ira sin recurrir a la ayuda profesional.

Las personas también pueden optar por utilizar el asesoramiento para controlar y manejar su ira descontrolada, especialmente si está afectando negativamente sus relaciones y otros aspectos importantes de sus vidas. Los profesionales de la salud mental autorizados pueden ayudarles a encontrar y desarrollar una variedad de técnicas eficaces para cambiar su comportamiento y su forma de pensar a fin de controlar mejor su ira.

Sin embargo, las personas con problemas de ira deben ser honestas consigo mismas y con su terapeuta sobre su problema y preguntar sobre su método de manejo de la ira. El método no debe consistir sólo en ponerlos en contacto con sus sentimientos y expresarlos, sino más bien en su problema de ira preciso. Según los psicólogos, al utilizar ayuda profesional, un individuo muy enojado puede acercarse a un rango medio en unos dos o tres meses, según la técnica utilizada y las circunstancias.

Es cierto que las personas con problemas de control de la ira deben aprender a ser más asertivas, en lugar de volverse agresivas. Sin embargo, los individuos que no sienten o expresan suficiente ira deberían ser los lectores más ávidos de la mayoría de los cursos y libros sobre cómo mejorar el asertividad. Estos individuos son más dóciles y pasivos que la persona promedio y tienden a permitir que otros los pisoteen. Este no es el comportamiento típico de una persona muy enojada. Sin embargo, estos libros pueden contener algunas técnicas útiles para emplear en situaciones frustrantes para manejar la ira.

La vida está llena de eventos impredecibles, pérdida, dolor y frustración. Nadie puede cambiar eso; sin embargo, la gente puede cambiar la forma en que dejan que esos factores los afecten. Las técnicas de control de la ira pueden evitar que las personas muy enojadas den respuestas de enojo que pueden hacerlas infelices, a fin de cuentas.

Habilidades de manejo de la ira que necesita tener

La falta de control de la propia ira a menudo conduce a una gran variedad de problemas, como gritar a los hijos, problemas de salud, decir cosas de las que uno se arrepentirá más tarde, enviar mensajes de texto y correos electrónicos groseros, amenazar a los compañeros de trabajo o violencia física. Sin embargo, las dificultades para controlar la ira no siempre tienen que ser tan graves. Sin embargo, la gente puede descubrir que pierden toneladas de tiempo y energía mental desahogándose con cosas o personas que no les gustan o pensando en situaciones que les molestan.

Tener habilidades para controlar la ira no significa que uno nunca se enoje. Se trata más bien de aprender a identificar, tratar y expresar la propia ira de manera productiva y saludable. Todo el mundo puede aprender estas habilidades, y siempre se puede mejorar. La ira puede variar desde una leve irritación hasta la rabia en toda regla. Cuando no se controlan, estos sentimientos pueden llevar a un comportamiento agresivo como dañar la propiedad, gritarle a alguien o atacar físicamente a alguien. También pueden hacer que las personas se retiren de la sociedad y vuelvan su ira hacia adentro.

Las emociones de ira se convierten en un problema grave cuando se sienten con demasiada intensidad y frecuencia, o cuando un individuo las expresa de manera inapropiada y poco saludable. Las técnicas de control de la ira tienen por objeto ayudar a las personas a descubrir y utilizar estrategias saludables para expresar y reducir sus sentimientos de ira. Mantener el temperamento bajo control puede ser bastante difícil; afortunadamente, el uso de algunos consejos sencillos para controlar la ira puede ayudar a mantener el control.

Habilidades cognitivas conductuales

Las investigaciones demuestran constantemente que estas habilidades son efectivas para mejorar el manejo de la ira. Implican cambiar la forma en que una persona piensa y se comporta basándose en la noción de que los sentimientos, pensamientos y comportamientos de las personas están todos relacionados o conectados. Los pensamientos y las acciones o comportamientos de una persona pueden aumentar o reducir sus emociones. Por lo tanto, si las personas desean cambiar su estado emocional y dejar de lado los sentimientos de ira, deben cambiar lo que están haciendo y pensando.

Las intervenciones cognitivas conductuales para el control de la ira implican apartarse de los comportamientos y pensamientos que alimentan la ira. La llama de la ira no continuará ardiendo sin este combustible, lo que significa que comenzará a apagarse, y uno se calmará. La mejor estrategia es elaborar un plan de control y manejo de la ira que permita determinar qué hacer cuando uno comienza a perder la calma.

Algunos de los consejos más efectivos para el manejo de la ira incluyen:

1. Identificar los desencadenantes

Las personas que han caído en el hábito de perder la calma deben considerar las cosas que desencadenan su ira, por ejemplo, la fatiga, los atascos de tráfico, los comentarios sarcásticos, las largas colas, un trabajo estresante u otras cosas que tienden a acortar la mecha. Esto no quiere decir que deban empezar a culpar a otras personas o situaciones por su incapacidad de mantener su temperamento. En cambio, comprender estos factores desencadenantes puede ayudarles a planificar en consecuencia.

Podrían elegir planificar su día de una manera diferente para ayudarles a manejar mejor sus niveles de estrés. También pueden emplear algunas estrategias de control de la ira cuando estén a punto de encontrarse con situaciones que normalmente les resultan frustrantes para alargar la mecha, lo que minimizará el riesgo de que una sola situación angustiosa los ponga en tensión.

2. Determinar si la ira de uno es productiva o perturbadora

Antes de reaccionar ante una situación estresante, las personas deben tratar de calmarse y preguntarse si su ira es productiva o perturbadora. Por ejemplo, si una persona es testigo de la violación de los derechos de otra persona, su ira puede ser útil para encontrar el valor para desafiar la situación y cambiarla.

Por otra parte, si la ira de una persona amenaza con obligar a alguien a arremeter contra ella o le causa algún tipo de angustia, puede ser perturbadora. Por lo tanto, tiene sentido encontrar formas eficaces de cambiar las emociones de un individuo manteniéndose en calma.

3. Identificar las señales de advertencia

A menudo parece que la ira abruma a la gente en un abrir y cerrar de ojos. Sin embargo, no es así, ya que siempre hay señales de advertencia cuando la ira de uno comienza a aumentar. Es importante reconocer estas señales para ayudar a tomar las medidas adecuadas para frenarla y evitar que estalle. Algunos de los signos físicos de advertencia de la ira incluyen apretar los puños, aumento de los latidos del corazón o sensación de calor en la cara. También se pueden notar algunos cambios cognitivos, como empezar a ver rojo o sentir que la mente se acelera.

Cuando las personas notan estas señales de advertencia, tienen una buena oportunidad de hacer intervenciones inmediatas para evitar que su ira hierva hasta el punto de que pueda terminar creando más y peores problemas en sus vidas.

4. Piensa antes de hablar

En medio de un momento caluroso, es fácil decir algo punzante que luego se lamentará. Por lo tanto, siempre es mejor tomarse unos momentos para respirar y ordenar los pensamientos antes de hablar, lo que permitirá a la otra persona o personas involucradas en la situación hacer lo mismo. Tratar de aguantar o ganar una discusión en una situación acalorada sólo alimentará la ira de uno. Es incluso mejor alejarse si la situación parece que puede volverse explosiva, después de explicar que uno no está tratando de esquivar el tema. Uno puede volver a la discusión cuando se sienta más tranquilo.

5. Ser asertivo y expresar la propia ira

Tan pronto como uno se sienta más tranquilo y piense con mayor claridad, debe expresar su frustración de manera no conflictiva pero sí asertiva. Es importante expresar las necesidades y preocupaciones de uno directamente y claramente sin ofender a la otra persona o tratar de controlarla.

6. Hable con un amigo de confianza

Las personas que experimentan sentimientos de ira deben hablar con alguien que tenga un efecto calmante sobre ellos. Expresar sus sentimientos o hablar sobre un problema con esa persona puede ser muy útil. Sin embargo, es importante comprender que desahogarse puede resultar contraproducente en ciertas situaciones. Por ejemplo, hablar de todas las razones por las que no le gusta alguien o quejarse de su jefe puede, en realidad, añadir combustible a la llama de la ira.

De hecho, puede lograr lo contrario. Por lo tanto, es importante usar este método de afrontamiento con un alto nivel de precaución. Un buen plan de acción si uno va a hablar con un amigo sería trabajar en la búsqueda de una solución, no sólo desahogarse. En realidad, hablar con un amigo sobre cualquier otra cosa que no sea la situación frustrante podría funcionar mejor.

7. Hacer un poco de ejercicio

La ira tiende a dar a la gente una oleada de energía, que necesita una salida productiva. La mejor manera de aprovecharla es hacer ejercicio. Ir al gimnasio o dar una caminata rápida, quemará la energía y la tensión extra. Además, hacer ejercicio regularmente ayuda a la gente a relajarse. Los ejercicios aeróbicos, en particular, ayudan a reducir el estrés, lo que ayuda a mejorar los niveles de tolerancia de las personas.

8. Piensa de una manera diferente

Cuando la gente está enojada, tener pensamientos de enojo tiende a acumular ira. Tener pensamientos como, "No puedo soportar más este embotellamiento", exacerbará aún más la frustración de una persona. Por lo tanto, cuando las personas se encuentran con pensamientos que alimentan su ira, deben reformularlos y recordarse a sí mismos los hechos reales, como que hay millones de vehículos en la carretera todos los días, por lo que seguramente habrá embotellamientos.

Centrarse en el panorama general sin añadir hechos distorsionados o predicciones frustrantes ayudará a la gente a mantenerse más tranquila. También puede ser útil desarrollar un mantra que se pueda repetir para ahogar los pensamientos negativos que alimentan la ira, por ejemplo, decir "Estoy bien y las cosas estarán bien", una y otra vez ayudará a mantener a raya los pensamientos que alimentan la ira propia.

9. Encontrar posibles soluciones

En lugar de centrarse en las cosas que les hicieron enfadar, la gente debería trabajar en resolver el problema en cuestión. Por ejemplo, si la habitación desordenada de un niño está volviendo loco a sus padres, resolver el problema puede ser tan simple como cerrar la puerta. La gente siempre debe recordar que la ira rara vez resuelve nada, y que puede empeorar la situación.

10. Evite culpar a alguien

La tendencia a culpar o criticar siempre puede aumentar la tensión. Una buena manera de evitar hacer esto es atenerse a las declaraciones del "yo" cuando se describe una situación frustrante, siendo a la vez específico y respetuoso. Por ejemplo, es mejor decir, "Estoy molesto porque llegaste tarde" en lugar de decir, "nunca llegas a tiempo".

11. Evite guardar rencores

El perdón es una herramienta poderosa y efectiva para manejar la ira. Cuando las personas permiten que los sentimientos negativos ahoguen a los positivos, terminan por verse superados por su propio sentido de injusticia o amargura. Sin embargo, cuando eligen perdonar a las personas que les han hecho enojar, pueden terminar aprendiendo de su experiencia y fortalecer su relación.

12. Liberar la tensión usando el humor

Un poco de humor puede difuminar la tensión y aclarar el estado de ánimo oscuro. Aunque es difícil de hacer, las personas que están rogando para sentirse enojadas deben usar el humor para ayudarles a enfrentar lo que sea que les esté molestando, o incluso cualquier esperanza poco realista que puedan tener de cómo deben ir las cosas. Dicho esto, deben tener cuidado de no usar el sarcasmo, que puede empeorar la situación y herir los sentimientos de la otra persona.

13. Participar en las técnicas de relajación

Hay muchas técnicas de relajación para elegir, y la gente debería encontrar algunas que funcionen mejor para ellos. La relajación muscular progresiva y los ejercicios de respiración son dos de los ejercicios más efectivos para reducir la tensión. Mejor aún, alguien que se siente frustrado y enojado puede realizarlos discreta y rápidamente en cualquier momento.

14. Determine el mejor momento para buscar ayuda

Aprender a manejar la ira es un desafío para todos a veces. Las personas que piensan que su ira se ha salido de control y les hace hacer cosas que nunca pensaron que podrían hacer deben buscar ayuda profesional para su problema.

15. Use un kit de calma

Las personas que tienden a descargar su ira en sus seres queridos cuando vuelven a casa del trabajo estresados deben crear un kit para ayudarles a calmarse y relajarse. Puede ser un objeto que ayude a activar sus sentidos, como un retrato de un hermoso y pacífico paisaje, o un pasaje inspirador o espiritual sobre cómo mantener la calma.

Una de las lecciones más importantes aquí es que es posible manejar la ira y elegir vivir una vida libre de los efectos negativos de este sentimiento. Las personas que luchan por controlar la ira siempre deben buscar ayuda; porque nadie debe vivir la vida a merced de una emoción que idealmente debería llevarnos a luchar por lo que es correcto.

Capítulo 15. Ejercicios de manejo de la ira

Hablaré sólo de los cinco ejercicios más eficaces para calmar y relajar la mente, para que puedas controlar la ira mucho mejor que de costumbre. Estos son:

- Ejercicios de respiración

- Relajación muscular progresiva

- Imágenes Guiadas

- Visualización creativa

- Meditación de conciencia plena

Lo único común de todos estos ejercicios es que tienen como objetivo calmar la mente, relajar el cuerpo y deshacerse de pensamientos abrumadores y negativos. Hablemos de cada técnica una por una y de cómo se pueden practicar.

Ejercicios de respiración

En la terapia profesional de manejo de la ira, se le entrenará en la práctica de ejercicios de respiración. Los ejercicios de respiración son muy eficaces para controlar el estrés, la ansiedad y la ira. Hay diferentes ejercicios de respiración que puede hacer, pero veremos tres que podrían ayudarle.

1.Respiración profunda: Este es un ejercicio de respiración particular que es efectivo para liberar la tensión y proporcionar alivio a su cuerpo y calma a su mente. También se conoce como respiración de vientre o respiración diafragmática.

La respiración profunda reduce la presión sanguínea y relaja los músculos tensos. Así que, cómo realizar la respiración profunda, es bastante simple.

En primer lugar, encuentre un lugar tranquilo y cómodo para este ejercicio. Asegúrate de que sea un lugar donde no puedas distraerte. Siéntese derecho en el suelo mientras mantiene los pies en el suelo. Asegúrese de cerrar los ojos.

A continuación, pon una mano en tu vientre y la otra en tu pecho para que puedas seguir tu respiración. Primero, respire normalmente. Luego, respire lenta y profundamente. Use su nariz para inspirar lentamente y observe como su estómago se hincha bajo su mano.

Por un segundo, contenga la respiración y haga una pausa. Luego, exhale lentamente a través de su mente. De nuevo, observe cómo su estómago se desinfla bajo su mano otra vez.

Haz esto una y otra vez hasta que tengas un ritmo relajante.

Continúe haciendo esto hasta que se sienta completamente relajado, y la tensión/estrés esté fuera de su cuerpo.

Más importante aún, asegúrese de prestar atención a las múltiples sensaciones que su cuerpo le brinda al inhalar y exhalar.

2. Enfoque de la respiración: Este es un ejercicio de respiración que combina el uso de imágenes con la respiración. También puedes enfocarte en una cierta palabra o frase en su lugar. Asegúrate de que sea una palabra/frase que traiga una sonrisa a tu rostro y te haga sentir relajado.

En primer lugar, encuentre un lugar tranquilo donde pueda sentarse o acostarse cómodamente sin distracciones.

Empiece por respirar suavemente y tome conciencia de sus respiraciones. No intente cambiar su ritmo respiratorio.

Cambie de vez en cuando entre respiraciones regulares y profundas. Observe la diferencia entre la respiración regular y la profunda. Observe cómo su vientre se expande con las respiraciones profundas.

Ponga una mano en el ombligo para que pueda observar las sensaciones en su estómago mientras respira. Haga una respiración profunda por unos momentos y deje salir un fuerte suspiro cada vez que exhale.

Cada vez que respire, concéntrese en la palabra, frase o imagen elegida, que representa la calma y la relajación.

La imagen que imagina podría ser del aire que está inhalando y exhalando lavando la tensión en su cuerpo. También puedes elegir una frase como "Absorbiendo paz y calma".

3. Respiración con los labios fruncidos: Una técnica de respiración muy simple que tiene como objetivo reducir el ritmo de la respiración. Todo lo que necesitas hacer es poner un esfuerzo deliberado en cada respiración hasta que tu mente ya no esté acelerada, y ya no estés respirando más rápido de lo normal.

Lo mejor de la respiración de labios fruncidos es que puedes practicarla en cualquier momento. Para llegar a ser muy bueno en la respiración con los labios fruncidos, debes practicar al menos cuatro veces al día hasta que domines el patrón de respiración.

Para empezar, relaja primero los hombros y el cuello. Asegúrate de que tu boca esté cerrada, luego inhala lentamente por la nariz dos veces.

Asegúrese de que sus labios estén fruncidos mientras respira por la nariz. Ahora, exhale el aire a través de sus labios fruncidos a cada cuenta de 4.

Haga esto durante todo el tiempo que pueda hasta que se sienta aliviado del estrés y su respiración vuelva a ser normal.

Relajación muscular progresiva

Una vez más, esta técnica ayuda a manejar la ira aliviando el estrés y la tensión en el cuerpo. También funciona si tienes un dolor persistente o dolor en cualquier momento que te sientas estresado. La tensión muscular es una respuesta que el cuerpo da cuando usted está estresado y tenso. Esto puede dar lugar a sentimientos de ira. Por lo tanto, la relajación muscular progresiva ayuda a aliviar la tensión muscular para prevenir la ira.

Esta técnica funciona tensando un grupo de músculos al inhalar y luego los relaja al exhalar. Funciona en grupos de músculos siguiendo un cierto orden. Cuanto más practiques la relajación muscular progresiva, mejor te irá.

Puede comenzar con el uso de una grabación de audio para ayudar a la memorización de los grupos musculares. Una vez que conozca los grupos musculares, puede hacer todo por su cuenta. Lo mejor de este método es que también ayuda a mejorar el sueño. Por lo tanto, es realmente efectivo en todos los aspectos.

Para practicar la relajación muscular progresiva, sigue estos pasos;

- Encuentra un lugar tranquilo y calmado donde no te pueda molestar nadie ni nada. Asegúrate de que sea un lugar donde puedas recostarte cómodamente sobre tu espalda y estirarte sin obstáculos. Por ejemplo, puede practicar en un piso alfombrado.
- Inspira lentamente y tensa tu primer grupo de músculos con fuerza durante unos 10 segundos. Sin embargo, trate de no tensar el grupo muscular hasta el punto de sentir dolor.
- Ahora, exhale repentinamente y libere la tensión del grupo muscular. Hágalo repentinamente, y no gradualmente para que el efecto sea inmediato.

- Relájese durante 20 segundos antes de pasar al siguiente grupo muscular. Observe la diferencia entre la sensación de sus músculos cuando están tensos y cuando están relajados.
- Cuando termine con todos los grupos de músculos, cuente de 5 a 1 para regresar a la conciencia del presente.

Grupos musculares - Qué hacer

Frente

Apriete los músculos durante 15 segundos, luego suéltelos y relájese durante 30 segundos o más.

Cuello y hombros

Encoge los hombros levantándolos hacia las orejas y permanece así durante 15 segundos. Luego, suéltelos y relájese durante 30 segundos.

Mandíbula

Ténsalos rompiendo una sonrisa muy amplia. Hazla tan amplia como puedas. Hazlo durante 15 segundos antes de soltarlo y relájate durante otros 30 segundos.

Brazos y manos

Lentamente junta las manos y aprieta los puños. Tire de los puños hacia su pecho mientras los aprieta lo más fuerte posible. Suéltelos después de 15 segundos y relájese durante 30 segundos antes de seguir adelante.

Nalgas

Apriete sus nalgas fuertemente en una posición tensa. Haga esto durante 20 segundos y luego libere la tensión. Relájese durante unos segundos antes de pasar al siguiente músculo.

Piernas

Enrolle los dedos de los pies mientras los apunta hacia su cara. Luego, apúntalos lejos de tu cara. Lentamente, aumenta la tensión durante unos 15 segundos mientras aprietas los músculos tan fuerte como puedas. Suelta la tensión después de 15 segundos y siente como se desvanece.

Pies

Aumenta la tensión en los pies y los dedos de los pies enroscándolos hacia arriba y hacia abajo. Haz que los músculos estén muy tensos, y luego libera la tensión del grupo muscular. Desacelera la respiración de forma equilibrada a medida que liberas la tensión.

Saborea la sensación de relajación que recorre tu cuerpo mientras terminas con todos los grupos de músculos. Observe que siempre es útil preceder la relajación muscular progresiva con un rápido ejercicio de respiración profunda que ponga su cuerpo en orden.

Imágenes Guiadas

Las imágenes guiadas son un ejercicio que combina el enfoque en los cinco sentidos para activar sensaciones positivas en todo el cuerpo y la mente. Mucha gente confunde las imágenes guiadas con la visualización, pero son de alguna manera diferentes.

Ambas técnicas implican el uso de la imaginación con los cinco sentidos, pero la diferencia es que la imagen guiada ha establecido las imágenes mentales a seguir. Las imágenes son premeditadas y guiadas. Por otro lado, la visualización es creativa. Tienes la opción de crear cualquier imagen que quieras en tu mente siempre y cuando sea algo que te haga sentir tranquilo y relajado.

Esto no quiere decir que la visualización no pueda ser guiada también, sin embargo; puede ser guiada o no guiada. Pero las imágenes guiadas siempre son guiadas. Es dirigida con el uso de audio, video o guión escrito.

Con la imagen guiada, se utiliza la vista, el sonido, el olfato, el gusto y el tacto para crear imágenes en la mente, que el cuerpo siente que son tan reales como los eventos reales. Sin embargo, la acción no tiene lugar en el cuerpo, sino en la mente, utilizando la visualización mental. Pero la sensación va a tu cuerpo.

En primer lugar, debes saber que la imagen guiada normalmente implica cualquiera de estas tres imágenes: una playa tropical, las tranquilas olas del océano, o el cálido sol. Pero, si crees que hay una escena imaginaria mucho mejor para ti, entonces usa esa escena imaginaria en tu práctica.

La escena no es tan importante como sumergirse completamente en la imaginación con el uso de la vista, el olfato y el sonido para llevarte al destino imaginado.

Siga estos pasos para practicar la imagen guiada usando una escena imaginada de la playa tropical;

Encuentre un lugar cómodo para practicar. Asegúrate de que este lugar sea tranquilo, silencioso y sin perturbaciones que puedan sacudirte de tu imaginación. Acuéstese en el suelo o siéntese en una silla reclinable.

Deshágase de cualquier ropa apretada y quítese los lentes o las lentillas.

- Ponga ambas manos en su regazo o en el brazo de la silla en la que está sentado.

- Antes de empezar a visualizar, haga una respiración profunda de vientre durante unos minutos. Esto es para calmar su mente para que le sea más fácil visualizar lo que quiera.

- Una vez que se sienta relajado, cierre los ojos. Ahora, imagínese en una playa sin nadie más, preferiblemente una solitaria. Visualice la suave arena blanca a su alrededor.

- Imagina las aguas cristalinas de la playa y un cielo sin nubes con la brisa soplando suavemente detrás de ti.

- Mantén los ojos cerrados mientras imaginas esta hermosa escena en tu mente.

- Es hora de usar el sentido del olfato y del oído. Inhala lentamente y saborea el aroma de las aguas y las flores tropicales. Escuchen los sonidos de las olas del mar rodando suavemente sobre la comarca como algunos pájaros cantando en las palmeras.

- Siente el calor de la arena bajo tus pies y el sol en tu piel. Imagina el sabor de una bebida tropical relajante en tu mente. No te imagines sólo esto. Asegúrate de que también estás saboreando, oliendo, tocando y probando la escena. Siente las flores en tus dedos.

- Observe los sentimientos de calma y relajación que siente ahora y deje que se extienda por todo su cuerpo. Disfrute de la sensación que le brinda en todo el cuerpo, de la cabeza a los pies. Permanezca en su escena imaginaria tanto tiempo como quiera.

- Una vez que se sienta lo suficientemente calmado y relajado, lentamente regrese al presente contando de 10 a 1. Luego, abra los ojos y observe lo que le rodea. Seguramente, sentirás que un estado de calma ha reemplazado el estrés, la ansiedad o la ira que sentías antes.

- Trabaje para que este estado de calma dure el resto del día.

Si le resulta difícil practicar con imágenes guiadas mediante el uso de un guión escrito, puede considerar el uso de una grabación de audio que dé instrucciones sobre cómo practicar las imágenes guiadas. Esto le ayudará a relajarse completamente mientras se concentra en las técnicas

Visualización creativa

Cuando piensas en la visualización, ¿qué te viene a la mente? ¿Piensas en conjurar ciertas imágenes y boom; estás bien como si fuera magia? ¿O es algo más?

Bueno, la visualización es más que sólo conjurar mentalmente imágenes. Debes estar dispuesto a enfocar y a activar tus sentidos. No se trata sólo de ver imágenes en tu mente. Hay más de una manera de visualizar, pero hablaré de dos ejercicios que puedes probar.

La meditación y la visualización son muy diferentes, aunque algunas personas tienden a pensar que son lo mismo. La visualización es una forma de meditación, pero es más que una simple meditación. Cuando practiques la visualización, recuerda siempre que es más que ver imágenes en tu cabeza.

La visualización es más efectiva cuando la conviertes en una actividad multisensorial. También tienes que ser lo suficientemente creativo para imaginar algo que realmente te calme y relaje. Así que, aquí hay dos ejercicios de visualización que puedes practicar.

Ejercicio de visualización de velas

Esto implica la visualización con una vela, cierre suavemente los ojos. Visualiza que cuando los abres, hay una vela encendida frente a ti. Introduce detalles importantes como el tamaño de la vela y el tipo de vela que es.

¿Es pesada? ¿Cuánto queda de la vela encendida? ¿Es una vela recién encendida, o está casi hasta la base?

¿Está la vela lejos de ti, o está cerca, a la distancia de un brazo? A medida que visualices, asegúrate de poner esfuerzo en abordar cada pequeño detalle.

Para cuando termines de visualizar el tipo de vela que es, todo el estrés y la tensión en tu cuerpo se habrá evaporado.

Otra cosa es encender una vela antes de empezar a visualizar. Mira a la vela y luego cierra los ojos. Sentirás la sensación de la vela encendida incluso cuando cierres los ojos.

Ejercicio de visualización de la manzana:

El ejercicio de la vela es sólo el aspecto visual de la visualización. Cuanto más lo practiques, mejor podrás crear los detalles de tu vela e incluso hacer una llama propia.

Una vez que lo hayas dominado, da un paso más y encarna tus otros sentidos. Empieza por visualizar una manzana.

Usa tu sentido del tacto para sentir la cáscara de la manzana y luego imagínate dándole un mordisco. Observa el sabor en tu boca. Aumenta el nivel sintiendo cómo la manzana se desliza por tu cuerpo.

Meditación de conciencia plena

La meditación de la conciencia plena es un tipo de meditación que ha sido probada por varios estudios para ser de inmenso beneficio para la mente y el cuerpo. Es un tipo de entrenamiento mental que te enseña a ser consciente de ti mismo enfocando tu mente en tus experiencias, emociones, pensamientos y sensaciones en el presente.

La práctica de la atención plena puede combinar ejercicios de respiración con visualización, imágenes y relajación muscular.

Esta meditación en particular ayuda mucho con el manejo de la ira porque te entrena para que tomes conciencia de tus emociones, incluyendo la ira antes de que te salten encima. También te enseña a concentrarte en el presente sin pensar en el pasado o el futuro y también a aceptar todo sin juzgar.

Algunos de los beneficios de la conciencia plena, que han sido probados por la ciencia, son;

- La conciencia plena mejora el bienestar. Practicar la conciencia plena a diario tiene un gran impacto positivo en su bienestar. Estar consciente del presente y permanecer en él hace que sea imposible quedar atrapado en los arrepentimientos sobre el pasado o en las incertidumbres sobre el futuro.

Las personas que meditan con regularidad suelen estar más preocupadas por el éxito y tienen una sana autoestima.

También les resulta fácil crear relaciones profundas y significativas con otras personas.

- Esto promueve la salud física y emocional. En más de una forma, se ha demostrado que la atención consciente mejora la salud física al aliviar el estrés y la ansiedad, reducir la presión arterial, disminuir el dolor crónico y mejorar el sueño.

La conciencia plena también mejora la salud mental y emocional al ayudar a tratar problemas de salud mental como la depresión, la adicción, los trastornos sociales, los trastornos de ansiedad, la ira y el trastorno obsesivo-compulsivo cuando se combina con una terapia profesional.

La meditación de conciencia plena se puede practicar de varias maneras. Pero no importa la técnica que se utilice para practicar la conciencia plena, el objetivo del ejercicio es lograr un estado de conciencia, alerta y de relajación enfocada.

Para practicar la meditación de conciencia plena, puedes seguir estos pasos:

- Consigue un lugar tranquilo, cómodo y silencioso para practicar. Puedes usar una silla o sentarte en el suelo. Dondequiera que decida sentarse, asegúrese de hacerlo en posición vertical con la espalda recta pero no rígida.

Despeje su mente de todos los pensamientos del pasado o del futuro mientras se sumerge completamente en el presente. Manténgase en el presente.

- Atraiga su conciencia a la subida y bajada de su respiración, observando la sensación que el aire que entra y sale produce en su cuerpo mientras respira. Concéntrese en la subida y bajada de su vientre y en la entrada y salida del aire en sus fosas nasales y en la boca. Preste atención al cambio de ritmo mientras inhala y exhala.

- Sea consciente de sus pensamientos a medida que van y vienen. No juzgue lo que sea que haya pensado, ya sea miedo, preocupación, frustración, ansiedad o cualquier otra cosa. Sólo observa cómo los pensamientos flotan en tu mente. Ten en cuenta que no debes tratar de suprimir los pensamientos o ignorarlos. Simplemente toma nota mental de ellos mientras se concentra en su respiración.

- Si notas que te dejas llevar por los pensamientos, no te juzgues. Simplemente vuelva a la respiración después de tomar nota de los pensamientos. No seas duro contigo mismo.

- Una vez que se acerque al final de su sesión de meditación, permanezca sentado durante uno o dos minutos y gradualmente tome conciencia de su entorno inmediato. Aprecie el entorno durante un rato y luego levántese lentamente.

- Siga su día con la mente en reposo.

Al practicar la meditación de conciencia plena, también puedes incorporarla a otras actividades como lavar los platos, conducir, hacer ejercicio o incluso lavarte los dientes. La conciencia plena se practica mejor justo antes de dormir o cuando te despiertas.

Capítulo 16. Qué esperar de un programa de educación o de asesoramiento para el manejo de la ira

El control de la ira puede manejarse a través de grupos de apoyo con personas que están pasando por la misma situación que tú, o puedes elegir tener una sesión individual con un terapeuta privado. El entorno y la duración de cada sesión, incluida la cantidad de sesiones que hay para el control de la ira, suelen variar según sus necesidades, el programa en el que se inscribió y su consejero o terapeuta profesional. Para la mayoría de los consejos para el control de la ira, las sesiones pueden durar semanas o incluso meses, dependiendo de la intensidad de su ira, entre otros factores que se descubren durante la evaluación inicial y la forma en que usted progresa.

1. Inicio del control de la ira

Cuando se empieza a controlar la ira, una de las cosas más importantes en esta etapa es tratar de identificar algunos de los factores desencadenantes de la ira, así como las formas en que se expresan física y emocionalmente los sentimientos de ira. Cuando eres capaz de reconocer y manejar estas señales de advertencia, estás a un paso de controlarlas.

Algunos de los factores a los que debe prestar atención son:

- Los factores estresantes: los desencadenantes que provocan la ira o la empeoran. Puede ser su hijo, el estrés financiero, un compañero de trabajo difícil, un cónyuge infiel, entre otros.

- Signos físicos: los indicadores de que los sentimientos de ira están aumentando. Pueden incluir cosas como falta de sueño, aumento del ritmo cardíaco, conducir demasiado rápido, apretar el puño o la mandíbula, entre otros.

- Signos emocionales: las cosas que indican que su ira está aumentando. Estos incluyen los sentimientos de querer gritar o chillar a alguien o los sentimientos de retener lo que quieres decir.

2. En el proceso de las sesiones de manejo de la ira

Desde un punto de vista general, una cosa que hay que entender es que el asesoramiento para el manejo de la ira a menudo presta atención al desarrollo de habilidades de comportamiento específicas, así como a la adopción de un proceso de pensamiento definido. El objetivo principal de esto es asegurar que puedas hacer frente a la ira. Sin embargo, una cosa que tiene que entender es que, si tiene otros problemas mentales subyacentes como la depresión, la adicción y la ansiedad, tiene que trabajar a través de ellos si las técnicas de manejo de la ira van a ser efectivas en absoluto.

La razón principal por la que tienes que pasar por el asesoramiento de manejo de la ira es para enseñarte cómo:

- Manejar los factores que pueden predisponerlo a enojarse
- Identificar las circunstancias que pueden hacer que te enojes

- Aprender habilidades específicas
- Reconocer los momentos en los que no eres lógico
- Mantener la calma
- Expresar sus sentimientos y necesidades de una manera asertiva
- Concentrarse en resolver el problema
- Comunicar eficazmente

Resultados

Aumentar la capacidad de manejar la ira de manera efectiva y correcta tiene muchos beneficios. Lo más importante aquí es el hecho de que te hará sentir que tienes más control de las cosas cuando los cambios de la vida suban el calor. Ser capaz de reconocer su ira y saber cómo expresar la ira de una manera más asertiva asegura que usted mantiene a raya los sentimientos de frustración. No reprimas la ira para evitar ofender a la gente, sino exprésala de manera constructiva y asegúrate de que nadie salga herido en el proceso.

Por lo tanto, el manejo de la ira asegura que usted:

3. Comunicar sus necesidades de manera efectiva

Ser capaz de reconocer los desencadenantes de la ira e incluso subir un poco más para hablar de las cosas que te enfurecen ayuda a mantener la calma en lugar de agitarte hasta el punto de ebullición. Saber cómo y cuándo expresar tus frustraciones ayuda mucho a asegurar que no seas impulsivo. Asegura que elijas tus palabras y acciones sabiamente para que no seas hiriente. En otras palabras, terminas resolviendo los conflictos de forma amistosa para salvaguardar tus relaciones.

4. Mantener hábitos saludables

La ira a veces trae consigo estrés y esto a su vez aumenta el riesgo de desarrollar problemas relacionados con la salud como la apnea del sueño, dolores de cabeza, problemas cardiovasculares e hipertensión arterial, entre otros. Por lo tanto, es importante que se asegure de que su ira esté bajo control y no cause problemas de salud a largo plazo.

5. Prevenir los problemas psicosociales asociados con la ira

Algunos de estos problemas pueden ser la depresión, problemas en el trabajo, problemas legales, así como el divorcio o relaciones problemáticas.

6. Usa tu enojo para terminar el trabajo

Si expresas tu ira de una manera inapropiada, puede hacer que sea muy difícil pensar correctamente. La ira en la mayoría de los casos tiene la capacidad de nublar nuestros juicios y por lo tanto nuestra toma de decisiones. Cuando eliges el manejo de la ira, tienes la oportunidad de lidiar con las frustraciones y la ira de una manera más fructífera. En otras palabras, en lugar de buscar peleas y ser destructivo, puedes desviar esa energía para realizar el trabajo. ¡Esa es una acción positiva!

Conclusión

Empieza. Independientemente de lo que hagas, tienes que empezar. Esto no significa que tengas que empezar de la noche a la mañana. No lo hagas. En vez de eso, concéntrate en empezar. No te concentres en si comenzarás cuando te parezca bien. No te engañes pensando que una vez que todo lo demás en tu vida esté en su lugar, lo harás. Eso no va a suceder. En vez de eso, necesitas hacer esto primero para que las cosas encajen en su lugar. Esto es fundamental para que te organices en muchos niveles diferentes de tu vida. Esto debería ser la alta prioridad.

Peor aún, no esperes a que otras personas se organicen. Espero que no necesites que te recuerde lo inútil que puede ser porque, oye, afrontémoslo. Ya es bastante difícil cambiarnos a nosotros mismos. ¿Puedes imaginarte cambiar a otras personas? En vez de eso, deberías centrarte en ti mismo y elegir una fecha. Eso es lo que necesitas hacer.

Ahora que has leído este libro, ¿te das cuenta de que esto puede ayudarte a salir de la grave tensión y presión de tus problemas de ira? Tienes que elegir una fecha. Tienes que elegir una fecha que no sea ni muy pronto ni muy tarde.

El problema de elegir una fecha que sea demasiado pronto es que terminas enloqueciendo. Cuando llega, eres incapaz de dar un paso adelante. Cuando elijas una fecha que sea demasiado tarde, no te sorprendas si tu vida llena ese tiempo con otras tareas y otros asuntos.

Tienes que elegir algo que sea lo suficientemente inminente como para que te animes, pero no tan pronto como para que te asuste y te paralice. No debería estar muy lejos en el futuro, de manera que sientas que realmente no hay urgencia.

Independientemente de lo que hagas, una vez que elijas una fecha, no te des una excusa para no empezar. Sólo tienes que hacerlo una, otra vez y otra vez. Hazlo. Hazlo. Hazlo. Date muchas oportunidades para practicar las técnicas mencionadas en este libro. Créeme, sin importar dónde estés o el momento, tendrás una oportunidad. ¿Por qué? Bueno, puede que no estés cerca de gente estresada. Puede que no estés en una situación tóxica actualmente, pero definitivamente tienes recuerdos que te desencadenan. Empieza con esos. No hay excusa para que no te pongas a prueba una y otra vez hasta que domines todo lo que te he enseñado.

CPSIA information can be obtained
at www.ICGtesting.com
Printed in the USA
BVHW061408250221
601119BV00001B/228